The Outward Mindset

管理しない会社がうまくいくワケ

自分の小さな「箱」から
脱出する方法
《ビジネス篇》

The Arbinger Institute
アービンジャー・インスティチュート＝著
中西真雄美＝訳

大和書房

はじめに

次に当てはまる人を思い浮かべてみよう。

*これまでに出会った人のなかで、特に好きな人を3人
*あなたに最もプラスの影響を与えてくれた人を2人
*理想の上司
*「がんばろう」という気にさせてくれる人
*気の合う同僚を3人
*最も尊敬する知人

あなたは今頭に浮かんだこの人たちのことを、なぜ好きなのだろう。
なぜその人に感じよくできるのだろう。
なぜ尊敬してしまうのだろう。

おそらく、彼らには共通点があるはず。

それは、**彼らが自分を理解してくれていると感じるから**。

彼らがあなたを見る態度や、あなたとのつきあい方から、あなたは「自分は価値のある人間だ」と感じることができる。

そして、あなたがそう感じるというのは、彼らにとって本当にあなたが価値のある人間だからだ。

本書は、我々が〝外向き思考《アウトワード・マインドセット》〟と呼んでいる「ものの見方」について書かれている。

一般にマインドセットという言葉は「自分の核となる信条」を指すことが多い。しかし、本書ではそれ以上の意味をもつ。

私たちは30年以上にわたって人や組織の成長をお手伝いしてきた。その経験から言うと、人が変わるときに最も大切なのは、「信条」を変化させることではない。

「ものの見方」ならびに「他者との関係性」や「他者に対する責任のとり方」を根本的に変化させたときにこそ、人は大きく変わる。

本書は、「**自分中心の内向き思考**」と「**他者も含めて考える外向き思考**」の違いについて書いてある。仕事におけるリーダーシップにおいても、プライベートでも、外向きの考え方ができるようになるための方法をいくつか紹介する本だ。

革新的でありながら互いにすすんで協力し合うチームや組織をつくるためにも役立つし、また、どうしてあなたがある種のタイプの人に好意を感じるのか、自分がそんな人になるにはどうすればいいのかも、きっと答えが見つかるだろう。

本書はもちろん単独で読んでもらってもいいし、過去に出版した『自分の小さな「箱」から脱出する方法』（大和書房）や『2日で人生が変わる「箱」の法則』（祥伝社）とあわせて読んでもらってもいい。

本書は、私たちの最新の成果から導き出した、個人やチーム、家族、あるいは組織全体における考え方を変えるにはどうすればいいのか、具体的な方法を紹介している。

先にあげた過去の著作では架空のストーリーが展開されているが、本書ではたくさんの実話――そのほとんどが私たちのクライアントに起きた実例――をあげながら話を進めていく。ただし、匿名性を守る必要がある場合は、名前や細部を変えてお話ししている。

外向き思考を身につけるには、自分の利益を超えた広い視野をもつことが大切だ。

本書を読んで、こうした考え方の変化は自分にも起こせるものだと気づいてもらいたい。

そして、あなたが職場や家庭で外向き思考になることで、素晴らしい成果を手にすることを心より願っている。

第1部 仕事ができるチームの秘密

第2部 落とし穴はどこにあるのか？

第3部 外向き思考へ一歩踏み出す

第8章 外向き思考パターン

第9章 外向き思考パターンの3つのステップ

第4部 マインドセットを変える

第10章 相手が変わるのを待っていてはいけない

第11章 マインドセットからはじめよう

第 1 部

仕事ができるチームの秘密

第1章 リーダーの視野を変える

ミズーリ州、カンザスシティのウォバシュ・アベニューを、黒いカーゴバンが2台蛇行しながら進んでいく。乗っているのは、カンザスシティ警察のSWAT（特殊部隊）チームの面々。これから危険ドラッグの摘発に向かうところだ。今日はこれで5件目になる。

今回のターゲットはきわめて危険な人物なので、部隊はいわゆる急襲許可の令状を取っていた。つまり、予告なしに突入するということだ。隊員は頭の先からつま先まで黒ずくめの出立ちで、目出し帽をかぶっている。そのうえ防弾ヘルメットと防弾ベストを身につけた姿は、なんとも威嚇《いかく》的だ。

先行のカーゴバンを運転するのは、このSWAT1910部隊を率いて8年になる巡査部長のチャールズ・チップ・ハスだ。

ターゲットの家が見え、チップがスピードを落とすと、2台の車から隊員たちが音もたてずに素早く飛び出した。

隊員のうち3人が、ターゲットが逃亡を図ってもすぐさま取り押さえられるように全速力で家の裏側へまわり、チップをはじめ他の7人が正面のドアへと走っていく。6人が銃を抜いてかまえると、もう1人が年季の入った破城槌《はじょうつい》でドアをぶち破った。

「警察だ、全員床に伏せろ」

隊員らが叫ぶ。

家のなかは騒然としている。

男たちが部屋から逃げだそうとする。階段へ向かう者、廊下へ出て行く者。

小さな子どもたちはまるで麻痺したように立ちすくみ、泣き叫んでいる。

何人かの女たちはおびえて床にしゃがみ、なかには声を張り上げて泣き叫ぶ幼子に覆い被さる者もいる。

武器を手に取ろうとした2人の男――のちに容疑者と判明――を「ばかなまねはよせ!」と怒鳴りつけ、隊員たちが男たちを後ろ手にして手錠を掛ける。

小さな子どもたちもいたせいで、家のなかは混乱していたが、それでも5分もしないうちに2人の容疑者がリビングの床にうつぶせにして取り押さえられ、残りの住民たちはダイニングルームに集められた。

全員の安全を確認して、警官たちは捜索をはじめた。みな、ムダのない的確な動きを見せている。

チップはチームのなかでも中心的役割を果たすボブ・エバンズが部屋から出ていくのに気づいたが、彼も捜索に加わるのだろうと思っていた。

突入した家でミルクをつくったSWAT隊員

数分後、チップが台所の横の廊下を歩いていると、ボブが流しの前に立っていた。

その少し前、ボブは食器棚のなかを引っかき回して、白い粉を探していた。と言っても、証拠となる「密輸品の粉」ではなく、もっと「緊急に必要な白い粉」――**粉ミルクを探していた**のだ。

赤ん坊が泣き叫び、そのせいで女たちがひどく感情的になっている状況で、チップが率いる部隊のなかでもひときわ男臭いボブが、彼女たちの力になってやれる方法を探っていたのだ。

次にチップがボブを見かけたとき、ボブは粉ミルクを混ぜていた。

ボブはチップにかすかな笑みを向け、肩をすくめた。そして哺乳瓶を手にとると、泣いている赤ん坊の母親たちに配りはじめた。

チップはそれを見て、うれしくてたまらなくなった。

彼自身は赤ん坊のミルクのことなど思いつきもしなかったが、ボブが何をしようとしていたのか、なぜそうしようと思ったのかは充分に理解できたからだ。

この的確な対応力がもたらした行動がその場の空気を一変した。

全員が落ち着きを取りもどし、ＳＷＡＴ隊員は住民に状況を丁寧に説明したうえで、２人の容疑者をすんなり刑事たちに引き渡すことができたのだ。

とはいえ、この状況でＳＷＡＴ隊員が赤ん坊のミルクをつくってやるなんて、普通なら想像もつかない異例のことだ。犯罪捜査の仕事に就く者なら大半が――ほんの数年前ならこの部隊のメンバーでさえ――ばかばかしい行為だと思ったことだろう。

だが、チップの部隊では、この手の対応は日常的なことなのだ。

かつては、こんなふうではなかった。

１９１０部隊に起こったこの驚くべき変化を理解してもらうには、チップのつらい生い立ちと、カンザスシティ警察での経歴に少し触れておく必要があるだろう。

１９７０年、アルコール中毒で虐待の常習犯である父と、躁鬱《そううつ》気味で統合失調症の母のもとに、チップは生まれた。

父が一緒に住んでいた頃、一家は法律から逃げ回るために、アメリカ南部の州を常に転々として暮らしていた。

父親がいなくなってからは、チップは母親ときょうだいたちとともに車で寝起きし、リサイクル用の缶や段ボールを集めてなんとか暮らしを立てていた。

後に父親は一度家族のもとに戻ってきたので、これで状況が変わるかと期待したのだが、父親による家族への虐待は日増しにエスカレートしていった。

そこで、当時10歳だったチップが父に刃向かったのをきっかけに、母はようやく父が唯一恐れる人物に連絡をとった――そして、元特殊部隊の母の兄が、父親から家族を引き離しにきてくれた。

「オレがここへ来たのは、妹と子どもたちを連れ戻すためだ」父親に向かって伯父が言った。「そのソファから起き上がってみろ、おまえの命はないからな」

それが、チップが父の姿を見た最後だった。

父親は警察を毛嫌いしていた。それが、チップが警官になった一番の理由だ。

1992年にカンザスシティ警察に入り、警邏官《けいらかん》を3年務めたのち、SWATチームに入隊。4年後には、警察学校で武器使用の教官を務め、2004年に、SWAT巡査部長に昇進した。

当時、警察のトップは刑事部きっての剛腕部隊である1910部隊、および1920部隊に手を焼いていた。そんな彼らをまともにさせる、いわば立て直し役として、チップはこの部隊に就任した。

「悪いやつ」には何をしてもいいのか？

ところが、警察トップは知るよしもなかっただろうが、当時のチップの精神状態は部隊を「改心」させるどころか、さらなる暴力主義へと「先導する」ものだった。

チップはチームの誰よりも仕事ができると自負していたので、必要ならば部下を力尽くで服従させることもできたし、脅威を感じたならば、どんなときでも暴力でそれに応えた。つまり彼自身も荒れており、荒くれ者のチームのメンバーを率いるのに、ある意味ピッタリのリーダーだったのだ。

チップの一般市民に対する態度は、さらに情け容赦のないものだった。

彼のものの見方は、「世の中には必ず悪いやつらがいて（幼い頃、そういう人間と一緒に暮らしていたので、わかるのだ）、そいつらには罪を犯したことを後悔させてやる必要がある」というものだった。

このチームが逮捕にあたると、どんなやつもこてんぱんにたたきのめした。

そのうえ、彼らは他人の所有物やペットの取り扱いに無頓着だった。メンバーの誰かが容疑者の家具に噛みタバコを吐き捨てたり、獰猛《どうもう》そうな犬の頭に銃弾をぶち込んだりするのも珍しいことではなかった。

チップの部隊はカンザスシティ警察のなかでも最も苦情を受けることの多いチームだった。そもそもSWAT隊員の任務は街角の警官にくらべて被害をもたらしやすい類《たぐい》のものであることを考えれば、ある程度は想定内だ。

ただ、それを考慮してもなお、この部隊が苦情を受ける率は憂慮すべきレベルで、これに付随する訴訟費用もばかにならなかった。

しかし、チップにはそれのどこが問題なのかわからなかった。

彼の部隊は自分たちにできる唯一の方法で、市民に協力している。それどころか、自分たちが苦情をたくさん受けるというのは、それだけ「仕事をしている証拠」だと彼は思っていたのだ。

だが、チップがこの部隊を引き継いで2、3年がたった頃、同じカンザスシティ警察に所属するジャック・コルウェルという警官によって、チップは驚くべき事実に気づかされた——今の自分がどんな人間になってしまっているのか、そして彼の態度やそのやり方が、実際にはどれだけ自分の評価を下げ、部下を危険にさらしているのか。

このアドバイスを聞くことができたのは、息子のひと言がきっかけだった。

飛躍的に成果をあげたチームの「マインドセット」

ある日、学校に息子を迎えに行った車のなかで、チップは15歳になる息子が何か悩みを抱えていることに気がついた。

あれこれ質問をしてみたが、答えは返ってこない。

「何を悩んでいるのか、どうして話してくれないんだ？」

チップが尋ねた。

「言ったって、パパにはわからないよ」

「どうして？」

このときチップの問いに答えた息子の言葉が、おそらくチップにとって部下の話に耳を傾けるきっかけになったのだろう。

「パパはロボットだからだよ」

この言葉はチップの胸に鋭く刺さった。チップは自分がどんな人間になってしまったのかを考えるようになった。

彼は「猜疑心」や「攻撃性」というのは、悪意と闘争と暴力に満ちた世界で生き延び、成功するために必要なものだと信じ込んでいた。

だが彼はここにきてようやく、この種の人間でいることが悪意や闘争を止めるわけではないとわかりはじめてきた。

むしろ、**争いに拍車をかけている**のだ。

こうした出来事がきっかけとなり、チップの「自分を変える旅」がはじまった。

その結果、彼が率いる部隊の仕事ぶりが完全に変わった。

彼のチームはかつて月に2、3件の苦情を受けており、その大半は行き過ぎた実力行使に関するものだった。こうした苦情の後始末に、1件あたり平均7万ドルの費用がかかっていた。ところが、メンバーの仕事ぶりが変わったことで、この6年間、チームへの苦情は1件も出ていない。今では、他人の所有物をめちゃめちゃに壊したり、犬を撃ったりすることなどめったにない。

それどころか、犬の専門家を雇って、獰猛そうな動物の扱い方を教えてもらうこともある。

タバコを吐き捨てることもなくなった。「捜査対象の家では任務の遂行に役立つものでないかぎり、噛みタバコを噛むことはいっさいしてはならない」とチップは部下に命じている。そしてもちろん、必要とあらば赤ん坊のミルクだってつくる。

こうした変化にともなって、チップが率いるチームに対しては、容疑者も地域の住民も協力的な態度を見せるようになってきた。

そして、それによって驚くべき結果がもたらされた。

チームに対する地域住民からの苦情がゼロになっただけでなく、このアプローチを採用してから3年のうちに、1910部隊はそれ以前の10年間をしのぐ量の非合法ドラッグと銃を摘発したのだ。

チームの仕事に対するアプローチやその効果を、これほど劇的に変化させたものとはいったい何だったのか？

それは、以前とは大きく変化したマインドセット――ものの見方・考え方――である。私たちはこの新たなマインドセットを**外向き思考**と呼んでいる。

成長企業のリーダーに「いちばん必要な資質」とは？

別の例をあげよう。

マーク・バリフとポール・ハバードは、世間でも評判の高いヘルスケア関連会社の共同ＣＥＯである。彼らが組織をまとめあげるのに活用したのは、まさにチップが部隊の立て直しに使った〝外向き思考のアプローチ〟だった。

これは、数年前に彼らがニューヨーク市の由緒ある未公開株式投資会社の経営陣とミーティングを開いたときの話だ。

彼らの会社は、過去5年間の売上高、および営業利益の年平均成長率がそれぞれ32パーセントと30パーセントという成績をあげていたため、投資家と話をすることになんのプレッシャーも感じていなかった。

「御社がこれまでに業績を立て直した医療施設は50社を越えるそうですね？」

投資会社の執行役員が尋ねてきた。

マークとポールはともにうなずいた。

「いったいどのような方法で？」

2人は顔を見合わせ、互いに相手が答えるのを待っていた。

「すべては、ふさわしいリーダーを見つけだし、いかに育てるかにかかっています」

ようやくマークが答えを返した。

「では、あなたがたがリーダーに求める最も重要な資質とは何ですか？」

「**謙虚さです**」

今度はポールが答えた。

「謙虚さが、業績を上向きにできる人間とできない人間とを分けるのです。成功を収めるリーダーになれるのは、**自分の利を超えて、部下や従業員の本当の能力や手腕を見抜けるだけの謙虚さをもった人**です。彼らは決して自分がすべての答えを知っているかのような態度をとりません。むしろ、直面する問題に対し、従業員たち自らが〝答えを見つけなければ〟と思うような環境づくりをするのです」

その場にいた投資会社の他のメンバーたちは、表情ひとつ変えない執行役員のほうを見つめている。

「謙虚さだって?」

ようやく口を開いたかと思うと、執行役員は見下したような口調でそう言った。

「業績不振の施設を50社も買収し、その一つひとつを立て直した方法が、謙虚なリーダーを見つけだすことだと言うんですか?」

「そうです」

ためらうことなく、マークとポールは答えた。

執行役員は少しのあいだ2人を見つめていたが、やがて椅子から勢いよく立ち上がった。

「私にはわからんね」

彼はそう言うと、握手もそこそこに足早に部屋を出ていってしまった。成長著しい企業への投資という願ってもないチャンスをみすみす棒に振ったことにも気づかずに——残念ながら彼には理解できなかったのだ。企業が業績をあげられるかどうかは、ポールの言う**「自分の利を超えて他者のことを考えられる」ような謙虚なリーダーの存在しだい**だということを。

問題は「人材」ではなく「リーダー」である

マーク、ポール、それに当初の共同経営者が自分たちの会社を起ち上げようと決意したのは15年ほど前だった。

医療関連事業の経験は10年にも満たなかったが、いろいろな問題を抱えている業界だからこそ、これまでにない組織をつくりあげるチャンスがあると彼らは考えた。

そこで、ライバル企業が手放したがっている、治療面でも財政面でも苦しい状況に陥っている医療施設を買収しはじめた。業績の悪い医療施設における一番の問題点は、人材でも立地でもなく、外向きのマインドセットの欠如だと、彼らは確信していた。

そこで彼らは、これから紹介するルールに則った体系的なアプローチに取り組んだ。

マークは自分たちの経験をこんなふうに説明する。

「ライバル企業のなかには施設やチームをあまりにも早く手放してしまう企業もありました。うまくいっていないのは、単純にチームに欠陥があると考えていたからです。そこで私たちは、統率がとれていないチームや、パフォーマンスの下がった施設でも、今いるメンバーそれぞれにすべきことを理解してもらえば、きっと立ち直ることができますよと、主張したのです」

最初にいくつかの施設を買収したところ、ほとんど例外なく、ひとつの買収がまた次の買収を呼び、それが繰り返されるというパターンができていった。買収によって去っていくリーダーは、よかれと思って、〝解雇したほうがいいと思うスタッフ〟を5、6人リストにあげてくれたりする。

「そのリストはありがたく受け取って、いざ仕事にとりかかってみると」、ポールとマークが当時を懐かしむように言った。「リストにあった5人のうち4人は、決まって私たちにとって最高のスタッフになるのです」


この話が示唆するところを考えてみよう。

かつては問題社員のレッテルを貼られていた人たちが、新たなリーダーシップとアプローチのもとではスター社員になれるのなら、業績の好転を含めた**組織の改善に必要なのは、問題のある人材を追い出すことではなく、彼らにやるべきことが見えるように手助けすること**ではないだろうか。

つまりは、マインドセットをどう変えるかということだ。

「自分から動く部下」は管理型マネジメントでは生まれない

ポールはこう説明する。

「リーダーの陥りがちな失敗は、『これが、私のビジョンだ。さあ、私のビジョンを実現してくれたまえ』などと言ってしまうこと。こうした考え方にこそ間違いがあります。たしかにリーダーはミッションを与え、今できることを指示することも必要ですが、謙虚で優秀なリーダーは指示するだけでなく、部下自身にもやるべきことがわかるように導くのです。状況を正確に理解できれば、部下たちは**それぞれが主体性と自発性を発揮する**ようになります。すると、自分で仕事をつくるようにもなります。それぞれが現状にふさわしいと考えたことを実行に移せば、リーダーの指示を単に実行するよりも、状況に応じて刻一刻と変化するニーズに即座に対応できるような柔軟なチームができあがります。こうした**スピード感や対応力といったものは、部下を強制的に管理し、組織をまとめようとしたところで、生まれてくるものではないのです**」

マークとポールは、最初に買収したいくつかの施設を自ら運営するなかで、こうした教訓を得た。

注意深く状況を理解することで、部下もいつしか自主的に赤ん坊のミルクをつくるようにもなる――つまり、**その場の状況が何を求めているかを判断し、それに合わせた行動をとる責任感が生まれてくる**のだ。

マークとポールはさらに買収を進めていくうちに、自分たちのほかにも、外向き思考で事業運営のできるリーダーが必要になってきた——必要とあらば赤ん坊のミルクもつくり、部下が同じように動くためのサポートができる人材だ。

こうした協調関係を実現し、考え方を大きく変え、的確な対応力を身につける方法——つまり、個人、チーム、あるいは組織において、パフォーマンスを飛躍的に向上させるためのものの見方、考え方、取り組み方、人の導き方を自分のものにする方法、それが本書のテーマだ。

最初は、ミーティングを退席した投資会社の役員と同じ気分になるかもしれない。

読みはじめてすぐには、100パーセント納得できないこともあるだろう。

自分が今直面している問題に、こんな発想が果たして役に立つのかと疑問に思うかもしれない。

でも、本を置くのはもう少し待ってほしい。

きっと、実行しやすく、繰り返し使えるうえに、自分自身も、チームや組織のパフォーマンスも、劇的に変化させられるような柔軟なアイデアが身につくはずだ。

同じくらい重要なこととして、仕事以外の状況についても違った見方ができるようになる。

あなたが大事にしている人たちはもちろん、苦手な人たちとも、これまでとは違った素晴らしい付き合い方が見つかるはずだ。

組織について書かれている内容はすべて、家族をはじめとするプライベートな関係の人たちにも応用できる――もちろん、逆もしかりだ。

本書のなかに、企業にまつわるストーリー、家族にまつわるストーリー、そして個人にまつわるストーリーを組み入れているのは、そのためだ。

それぞれのストーリーから学べる教訓は、どれもあらゆるシチュエーションにあてはまる。チップやマークとポールがすべての基本としたアイデアから、私たちの旅ははじまる。

つまり、私たちの行動――人とどう関わるか、どんな状況でどう振る舞うか――は**すべてマインドセットで決まり、形づくられている**というアイデアだ。

第2章 行動を変えるマインドセット

自己啓発や組織変革についての本は世の中に数多く存在するが、その多くが偉業を成し遂げた人物の行動や活動を並べ、彼らと同じように行動すれば、あなたもきっとできると謳《うた》っている。

個人であれ組織であれ、その改善を目的とするこうしたお決まりのアプローチは、「**結果は行動で決まる**」というシンプルな考えがその原点となっている。この考えをわかりやすく示したのが、図1の行動モデルである。

図1の矢印は、個人や組織の行動、あるいは活動を示している。このモデルの前提となっているのは、個人あるいは組織のさまざまな行動の集積が結果につながるという考え方だ。

「結果は行動で決まる」と聞くと、いかにも当たり前のように思える。

けれども、素晴らしい結果を残した人のリーダーシップ術や交際術などの「行動」を真似してみたものの、うまくいかずに挫折した人がいったいどれほどいるだろう。

図1　行動モデル

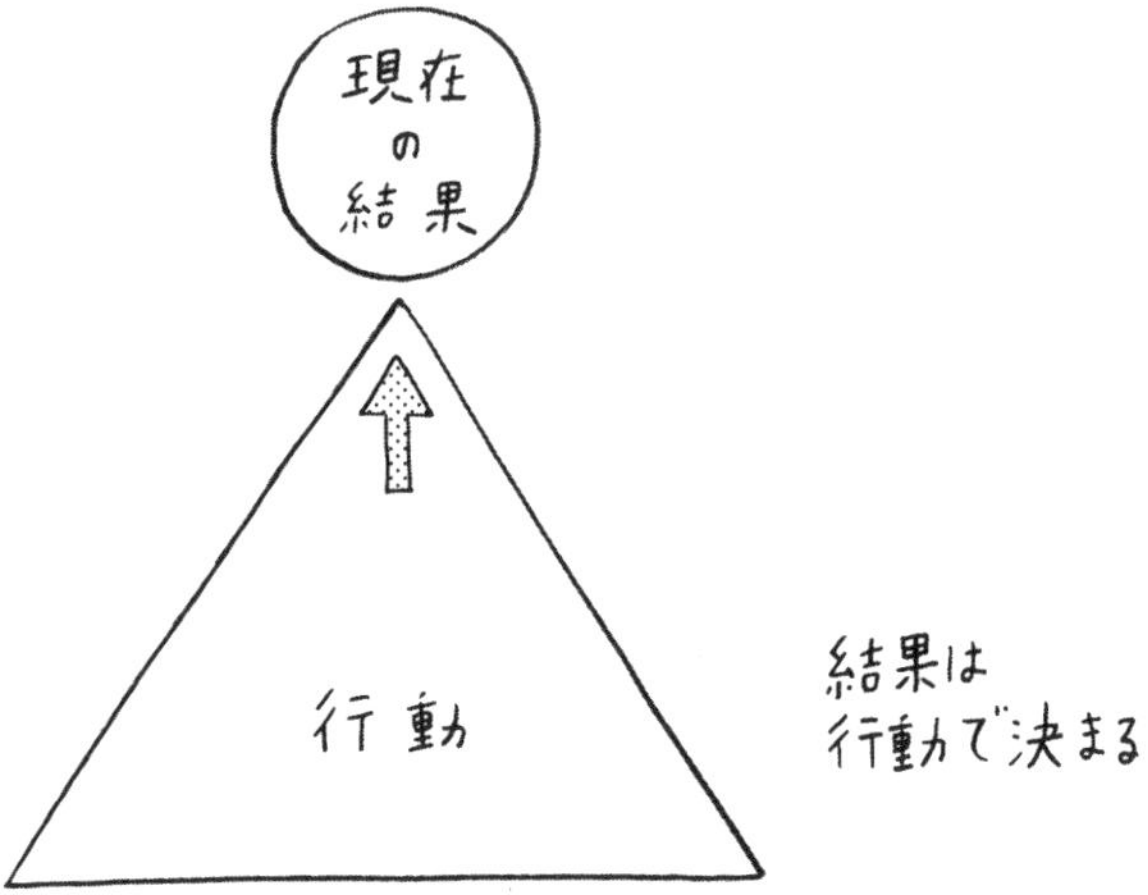

こうした経験からわかるように、このモデルの示唆するところは誤解を招きやすい。それには、少なくとも2つの理由がある。

行動を変えると人間関係も変わるのか?

まず、こんな例について考えてみよう。

ミアという女性が、コミュニケーション能力を高めるための2日間のワークショップに参加し、新しいスキルをいくつも身につけた。たとえば、会話が広がるような質問をすること。相手が攻撃的な言葉をぶつけてきた場合の対処法や、逆に当たり障りのないことしか言わない人や、完全に心を閉ざしている人への対応策。相手の発言を別の言葉で繰り返すことで好意を伝える練習もした。相手からもっとよい反応を引き出すための焦らすような言葉遣いや、しっかりとアイコンタクトを保ったまま、感じのよい表情や態度をとるなどの、しぐさで好意を伝える方法も身につけた。

コースを終えたミアは、習ったことを実践しようと心に決めて、職場に戻った。

とりわけ、以前もめたことのある同僚のカールに、彼女が学んだスキルがいかせるかどうか知りたかった。

実は、彼女は依然としてカールのことが大嫌いだし、まったく信用のおけない相手だと思っている。カールが近くにいると、身体がこわばってしまうほどだ。

この場合、ミアが新しいスキルをつかってカールと会話をしてみたら、いったいどんなことが起こるだろう？

ミアの「行動」が変わったおかげで、カールの目にミアはまったく別人のように映り、結果として2人の関係は驚くほどよくなると思うだろうか？

もしかしたら、一瞬はよくなるかもしれない。だが、ミアがどんなスキルを駆使しようと、どんな振る舞いを採り入れようと、実際のカールへの思いが変わらないかぎり、今後も関係は変わらないだろう。

それに、もしミアがカールを嫌っていることをカールが気づいているとしたら、いったい何をたくらんでいるのかといぶかしむだろう。それどころか、うわべだけは取り繕いながらも、その陰で何か重要なことを隠そうとしているのではないかと感じ、疑心暗鬼になるかもしれない。

もしカールがミアに対してこのような反応を示したら、ミアが採り入れた「新しい行動」は、結局たいした変化をもたらさなかったことになる。それどころか、こうした一連の動きが、かえって2人の緊張関係を増長させることになるかもしれない。

このストーリーが示唆するのは、新しいスキルが関係性を悪化させたということではなく、**物事のカギを握っているのは常に、行動だけでなく、プラスアルファの〝何か〟**だということ。

私たちが手にする結果は、行動よりもさらに深い次元の〝何か〟にかかっているのだ。

図1で示した行動モデルでは、そこが説明できていない。したがって、この図式は不完全で、それゆえ誤解を招きやすいのだ。

「成果」を左右する「プラスα」

続いて、その〝何か〟について説明しよう。

チップと彼が率いるSWAT部隊を思い出してほしい。このストーリーが強烈なインパクトをもつ理由は、その意外性に驚かされるからだ。

SWAT隊員が任務の途中で「赤ん坊のミルクをつくっている」など、誰も想像しないだろう。それは、ほとんどのSWAT隊員が任務中にミルクをつくらないからではない。そもそも、その種の任務を負う人たちに共通するマインドセットからは、生まれるはずのない発想だったからだ。

「マインドセット」という言葉は、一般には「信条」という意味で使われるケースが多いが、ここではそれ以上の意味をもつ言葉になっている。

つまり、**物事をどう見ているか――人や環境、直面している問題、チャンス、責任といったものをどう捉えているかを意味している。**

人間の行動というのは、「その場の状況」と「今後の可能性」を、どう捉えているかに常に左右される。

そこで、パフォーマンスの向上を目指して「行動にのみ」アプローチするときに起きる重大な問題点を2点あげておこう。

1．赤ん坊のミルクが必要だと察知した例のように、その場の状況にふさわしく、また有益だと感じて選択した行動は、その人が「物事や相手をどう捉えているか」で決まる。そのため、結果は行動で決まるとはいえ、行動自体は「その人のものの見方」によって形づくられる。

図2 マインドセットモデル

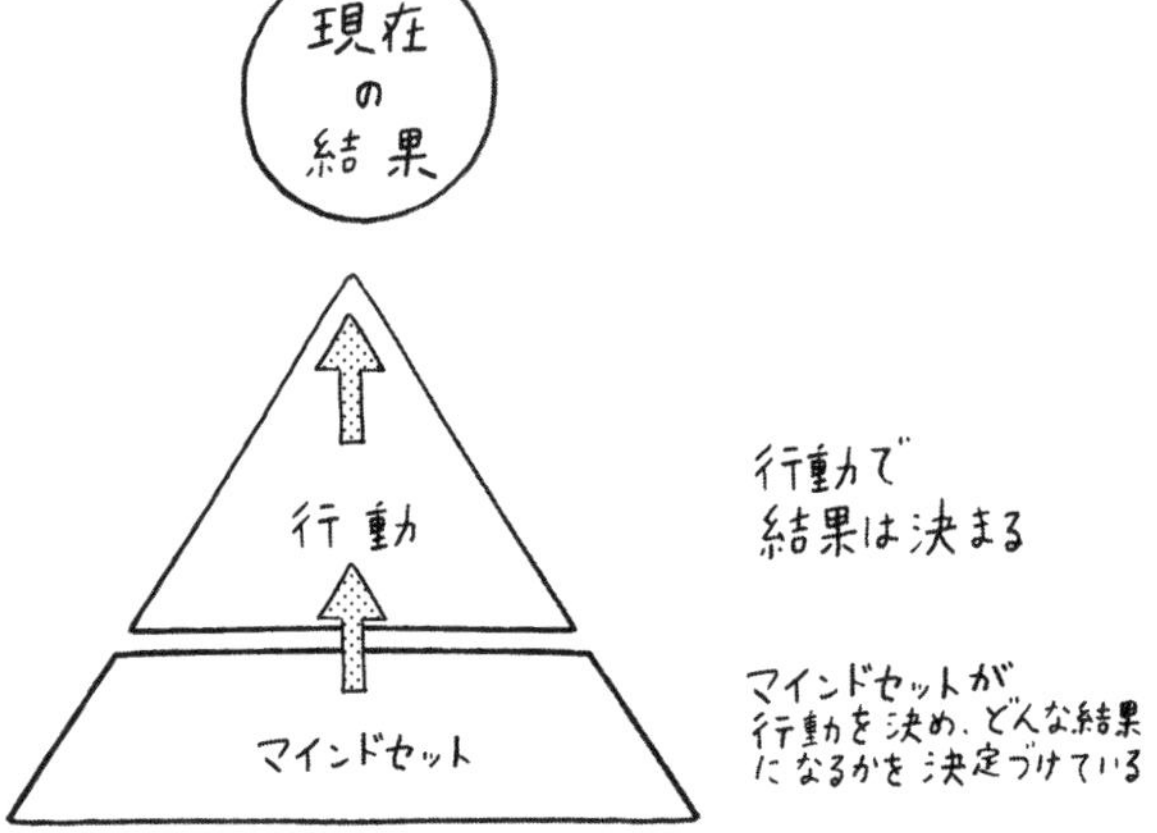
現在の結果
行動
マインドセット
行動で結果は決まる
マインドセットが行動を決め、どんな結果になるかを決定づけている

2. ミアのストーリーからわかるように、どんな行動をとっても結局は「その人のマインドセット」が影響するため、相手は、「行動」と「マインドセット」の双方に反応する。つまり、結果は、「その人のマインドセット」に大きく左右される。

この事実を図2にマインドセットモデルとして表した。

組織変革のケースで、このモデルが示すものはいったい何だろう？

少なくとも、行動だけに着目してパフォーマンスの向上を目指そうとする行動ベースのアプローチは、行動とマインドセットの両方を変えることに着目した努力にくらべ、失敗する確率が圧倒的に高い。

「自分の意志」による行動こそ、大きな変化につながる

行動モデルがうまくいかないという事実については、マッキンゼーが行なったいくつかの調査によって裏付けられている。

ある調査では、「マインドセットの問題を認識せずに放っておくと、組織全体の改革も行き詰まる」ことがわかっている。

また別の調査では、「組織に浸透しているマインドセットの問題を最初から認識して改善に取り組んだ組織は、見過ごしていた企業にくらべて組織改革に成功する率が4倍高い」という結果が出ている。

これらの調査結果をよく考えてみてほしい。

マインドセットを変えようとした組織は、行動の変化だけにアプローチした組織よりも4倍も成功する率が高いのだ。

これらの調査結果を頭に入れたうえで、パフォーマンス向上のための2つの異なるアプローチについて考えてみよう。

図3 行動のみを変えるアプローチ

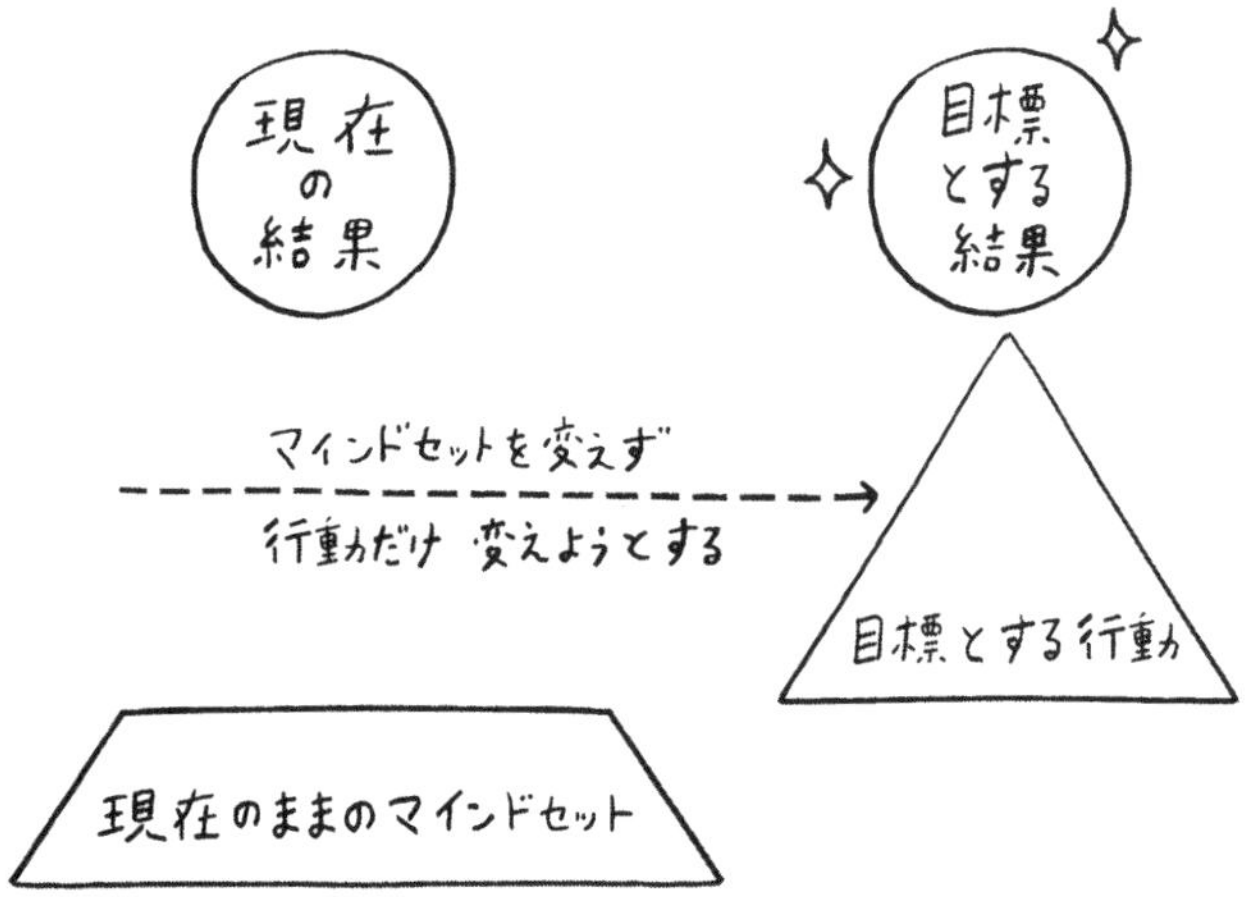

1つ目のアプローチでは、マインドセットの変化にはまったく注目せずに、行動の変化のみを推し進める。これを表したのが図3である。

たとえば部下や従業員に、土台となるマインドセットが定まらないまま、行動を変えるように促したとして、はたしてうまくいくだろうか？

私たちがこう質問すると、ある経営者はこんなふうに答えてくれた。

「上司のなかには、カリスマ性や意志力、あるいは恒常的なマイクロマネージング（常に細かいことにまで指示を出すこと）によって、マインドセットにかまわず部下を短期間に変える人もいるでしょう。しかし私の経験から言うと、**そんなものは長続きしません**。ある程度続いたとしても、その上司がいなくなれば、あっという間に元に戻ってしまうでしょう」

他の役員たちの意見も一致していた。

「社員が共通して持ちあわせているマインドセットを変えずに行動だけを変えようとしても、抵抗されてしまいます。上から〝指示されるまま〟の行動をとらせるだけならある程度は可能かもしれませんが、彼らの〝意志による〟行動は、マインドセットを変えないかぎり起こりえません。そして、この**〝自分の意志による行動〟こそが大きな変化をもたらす**のです」

あなたの周囲でも、同じようなことが起こっていないだろうか？　職場やプライベートで、マインドセットはそのままで行動だけを無理に変えようとすると、どんなことが起きるだろうか？

マインドセットが変わると行動も変わる

この「行動のみを変えるアプローチ」と「マインドセットを変えるアプローチ」をくらべてみよう。図4は後者のアプローチ、つまりチップがマインドセットの転換に取り組みはじめた際に活用したアプローチを表している。

チップのチームでは、メンバー内のマインドセットを変えた結果、彼らの行動や任務上の成果に劇的な改善が見られた。

図4　マインドセットを変えるアプローチ

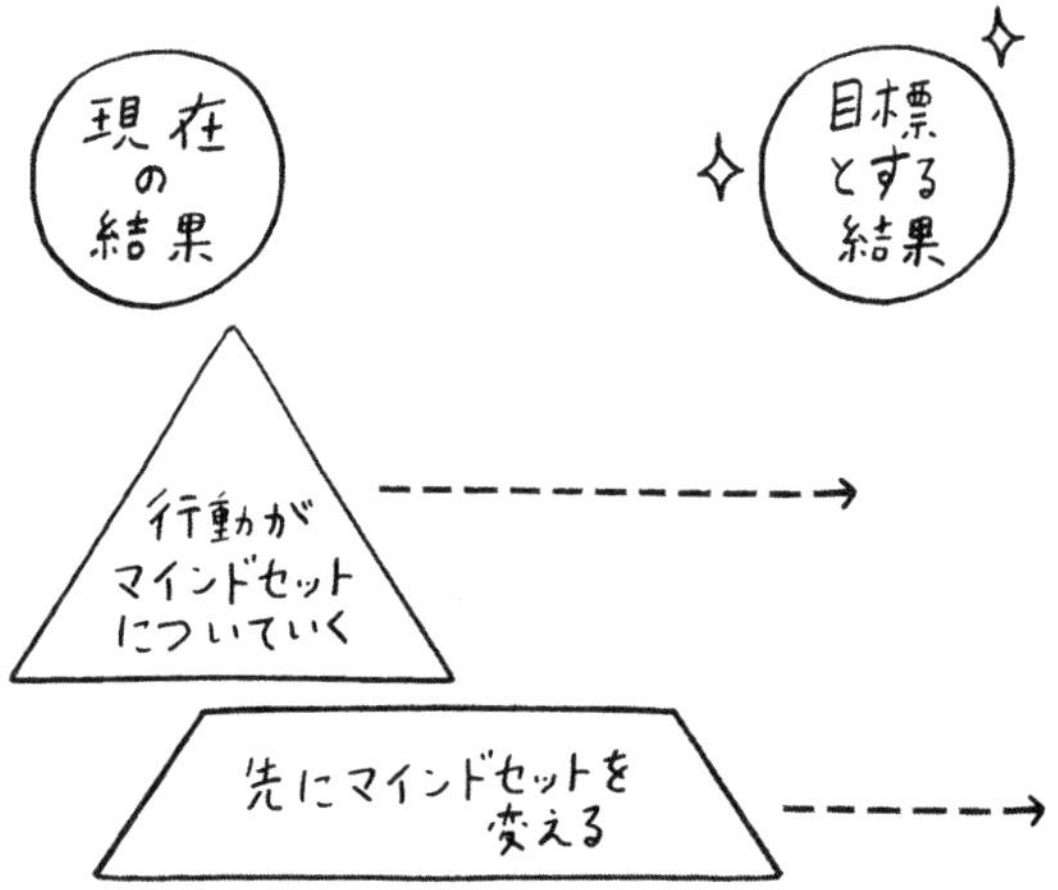

彼らのストーリーが示すとおり、マインドセットが変化すると――個々においてであれ組織全体においてであれ――やるべきことを一つひとつ指示する必要がなくなる（これは、まさに行動モデルを信奉する人たちの多くが理想とすることだ）。

マインドセットが変わると、自ずと行動も変わる。

そこに「行動を変えろ」という指示は必要ない。

ある種の忠告や提案に対しても無用な抵抗は起こらない。

マインドセットを変えることで行動が変化し、しかもそれが自然に継続されるようになるのはこういうわけだ。

さらに、マインドセットが変わると、人は

それまで思いつかなかったような考え方ができるようになり、行動しはじめる。

チップは自分の部隊が、泣き叫ぶ赤ん坊をあやす母親たちのためにミルクをつくる日がくるなどとは思ってもみなかった。だから、チームのメンバーにそんな指示をしたこともなければ、話題にしたこともなかった。

けれども、自分を皮切りに、メンバーにこれまでとは違うマインドセットを確立させる努力をしてきたため、そんな指示をする必要もなかったのだ。

これまで経験したことも想像したこともなかったこの状況で、メンバーの1人がその場に必要な行動を自分で考え、実行した。土台となっているマインドセットが、その場における最も有益な行動をとらせたのだ。

第3章では、こんな劇的な変化を起こせるマインドセットについての考察をはじめよう。

第3章 保身より集団的成果に目を向ける

ルイーズ・フランチェスコーニは、伝説的企業であるハワード・ヒューズ・カンパニーの一社で社長を務めていた。

ちょうど業界には整理統合の波が押し寄せており、ルイーズの会社も最近になってライバル会社に買収されてしまった。

買収後、ある指令が飛んだ。

コスト面で1億ドルの削減が要求されたのだ。期限は30日。その指令には、「もしできなければどうなるかわからない」という含みがあった。そこで、ルイーズはなんとかこの難局を切り抜けたいと、コンサルタントである私たちに助けを求めにきた。

ルイーズと経営幹部たちにのしかかったプレッシャーがどれほど大きかったかは想像がつくだろう。

買収企業側は、彼らの今後をこの結果で判断しようとしていた。1億ドルのコスト削減は、いわば面接試験のようなものだ。

そのため幹部は、チーム全体に課された指令に対してだけでなく、それぞれのプロダクトラインのリーダーとして、能力を示す必要もあった。これが社内に緊張感をもたらしたのは言うまでもない。

幹部たちはそれぞれ自分の担当部門を残すことばかり考え、こっそりコスト削減の負担は他の部門に負ってほしいと思っていた。もちろん直接そんなことを口にはしなかったが、それぞれの部門がコスト削減のプランを報告するうちに、お互いにそう思っていることが明らかになっていった。

彼らはそろって、「これ以上の削減をすればかえって会社にダメージを与える」という周到な言い訳を準備したうえで、自分の現場におけるコスト削減はほんの少しですまそうとした。

1億ドル削減を可能にする唯一の方法は大量の一時解雇《レイオフ》しかないというのが幹部全員に共通した考えでありながら、そのレイオフは、よその部門でやってほしいというのが本音だった。

自分の利益だけを考える集団は行き詰まる

事態がまったく進展せず、ルイーズは徐々に不満を募らせていった。

彼らが1億ドル削減の道を本気で見つけようとしているかどうかを疑っていたわけではない。

それしか道がないのだから。

しかし、それには必ず痛みが伴うわけで、誰もが自分だけはその負担から逃れようとしている状態では、会社がどうなってしまうのか、彼女は心配でならなかった。

私たちはいくつもの組織と仕事をするなかで、こうした難局を何度も見てきた。

問題の本質はきわめてシンプルだ。

組織における報酬システムや社内指標、個人の出世や利己心といったものを重視して**みんなが自分のニーズやチャンスなどのエゴを追い求めると、チームや事業全体に損害を与えることになる**。要するに、組織もそこに属する人々も、**みな内向きになるとすべてが行き詰まってしまう**のだ。

幸いなことに、ルイーズと幹部たちは、そこから抜けだす方法を見つけた。

2つの重大な出来事がそのきっかけとなった。

1つ目の出来事は、もしもレイオフという道を選ぶことになった場合、「それによって影響を受けるのは誰か」ということをそれぞれが考えたことだ。

幹部たちは最も影響を受けそうな人々の名前を書き出してカテゴリーに分けたうえで、これが何を意味するか話し合った。

最初のうち、この話し合いにはわざとらしいムードが感じられた。みんなやりたくてやったわけではなく、人から言われてしかたなくやっていたからだ。

しかし、リストにあがる名前やグループの数が膨らんでくるにつれて、彼らは議論に真剣に取り組むようになっていった。自分たちの決断によって、崖っぷちに追いやられる人々のことを真剣に考えはじめたのだ。

「レイオフは従業員にとってどんな意味をもつだろう？　仕事を失った彼の家族はどうなるだろうか？　周辺の地域にはどんな結果をもたらすだろう？」

レイオフがもたらす厳しい現実を実感するにつれ、彼らはしだいにレイオフ以外の道をさぐりはじめるようになった。

これがメンバーに起きたマインドセットの変化だった。そして、それが第2の突破口を開いた。

人に譲ると自分をも救える

ルイーズの会社を担当していた我が社のコンサルタントの1人は、幹部たちにペアを組むことを提案した。そしてそれぞれのペアに、一対一で2時間ほどのミーティングを開いてもらう。

やるべきことは2つ。

まず第1に、**相手の仕事内容をできるかぎり知る。**

第2に、互いに相手の仕事内容を知る過程で、それぞれが**相手の仕事の主要部分を存続させるために、自分に何ができるかを考える。**相手の予算を削る手伝いではなく、相手の予算を残すために、自分にできることを見つけることが課題となった。

1億ドルのコスト削減をめざす方法として、「他のチームの予算をカットしない方法を考える」というのは、奇妙に思えるかもしれない。

ところが、この一対一のミーティングのあいだに、意外なことが起こりはじめた。仲間の仕事内容についていろいろ知っていくうちに、**誰もが「仲間の仕事を助けたい気持ち」になっていた**のだ。幹部たちはみな、仲間の仕事の主要部分を存続させるために、自分の仕事の領域でなんらかの削減をすると申し出た。

幹部の1人は仲間の仕事内容を詳しく知るうちに、自分の部門を相手の部門に統合させたら、ビジネス上大きな意味をもつ可能性があり、しかも、かなりの額を節約できるかもしれないと思いはじめた。

つまり、これまで自分の考えを直接社長に報告していた幹部が、一段階レベルを落として、対等の立場である幹部仲間に報告する立場になるわけだ。彼はこのアイデアを明らかにし、組織全体に共有した。

こんなことはめったに起こらない。ＳＷＡＴ部隊のメンバーが赤ん坊のミルクをつくるのと同じくらい、めずらしいことだ。

なぜかと言うと、こうした措置は、通常、**組織内にはびこりやすいタイプのマインドセットのままでは思いつかない**からだ。とくに、ルイーズとその幹部が置かれていたような重圧のかかる状況ではなおさらだ。

1人の幹部が自分の担当する部門を別の幹部の配下に置かせるという、たったひとつの措置によって、会社はコストを700万ドル抑えることができた。これが、組織に改善をもたらしながら1億ドルのコスト削減を実現させた数々の協力的措置の第一歩となった。

自社の内向き度と外向き度をはかってみる

彼らに課された難題は、幹部のあいだに分裂を引き起こす可能性もあったし、長期的には業務全体にダメージを与える可能性もあった。

だが結果的にはこれが起動力となって、ビジネスをより健全で最良のものにする革新的な考えが生まれたのだ。

ルイーズの会社が1億ドルのコスト削減という難題をみごとにクリアしたこの手法が、共同で仕事に取り組む際の彼らのスタイルになった。

彼らはこのスタイルに則って、毎年毎年、共同でプロジェクトに取り組むようになった。

初めのうちは、幹部の面々がきわめて複雑な組織の年間目標を共同で定めるのに、丸1日かかっていた。しかし2年ほどたつと、これを半日でやり遂げられるようになり、最終的には、このプロセスをたった1時間でこなせるようになった。

彼らにとって、年間目標を決めるという重大な作業も、日常的に協力しながら取り組んでいる作業の延長にすぎなくなっていた。

当時は5パーセント以上の成長は無理と考えられていた時期だったが、**彼らはこの期間に業績を2倍に伸ばしていた。**

では、当初ルイーズと幹部が1億ドルのコスト削減に挑戦した方法と、のちに目標達成を可能にした方法との決定的な違いは何だったのか考えてみよう。

その違いを示したのが図5である。

チームには組織全体として目標とする結果があった。

1億ドルのコスト削減だ。

無理からぬことだが、初めのうちはみな会社での「自分の将来」しか頭になかった。

組織内における自分の立場とポストを守ることが、目標に取り組む強い動機となっていたのだ。

こうしたマインドセットでは、**自分の計画を進める選択肢しか検討できない。**

図5　ルイーズと幹部

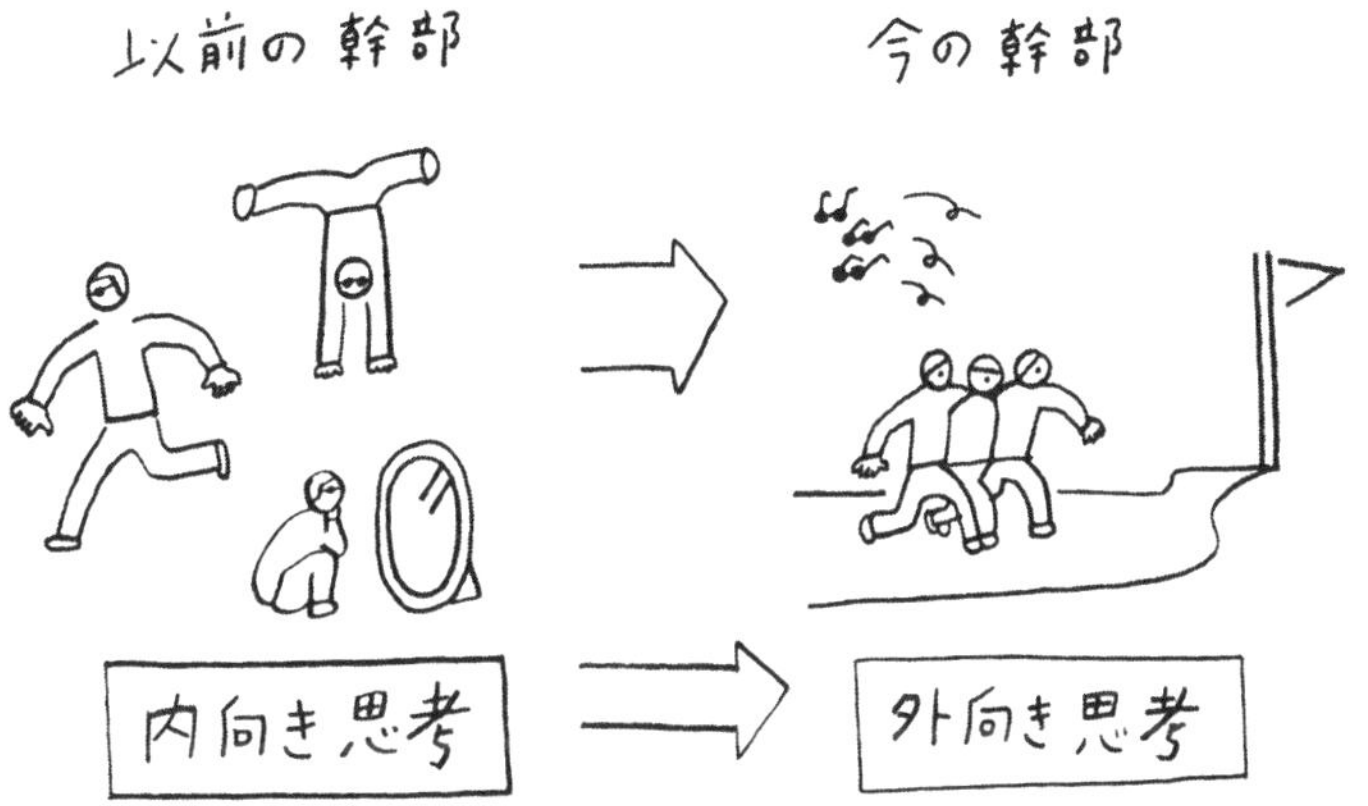

図5では左側がこの状態を表しており、それぞれが自分のやりたいことをやっている。これを内向き思考《インワード・マインドセット》と呼ぶ。

その後「自分の利害」という束縛から解き放たれたメンバーは、マインドセットが内側を向いていたときには思いもつかなかった選択肢を検討するようになる。

メンバーが一丸となって集団的成果に着目しはじめたことで、彼らのマインドセットは外側を向いたのだ。

図5では右側がこの状態を表しており、全員でゴールである集団的成果のほうを向いている。

外向き思考になるほどにすべてが向上する

マインドセットによって、人の考え方や行動にどんな違いが現れるかに注目してみよう。

内向き思考では、人は**自分のためになるかどうか**を考えて行動する。

外向き思考では、**集団的成果が向上するかどうか**を考え、行動できるようになる。

これら2つのマインドセット——内向き思考と外向き思考——は、図6に示すように、1本の線の両端だと考えられる。

たとえば、そこに属する人たちがみな内向き思考で動いており、日常的な活動や物事を進めるうえでの方針やプロセスもたえず内向き思考で動いているような組織を考えてみよう。完全にこのような形で機能している組織など存在しないが、この極端なケースを左端だとする。

一方、そこに属する人々も日常的な活動もプロセスも、すべて外向き思考で動いている組織を考えてみよう。同じように、完全に外向き思考で動いている組織など存在しないが、これを右端だとする。

私たちは、クライアントがこの1本の線のどこに位置しているかを客観的に評価するとともに、クライアント自身にも自己評価してもらっている。

私たちがこの評価を行なうのは、**マインドセットの改善具合を測る基準《ベースライン》を定めるため**である。

図6 マインドセット評価軸

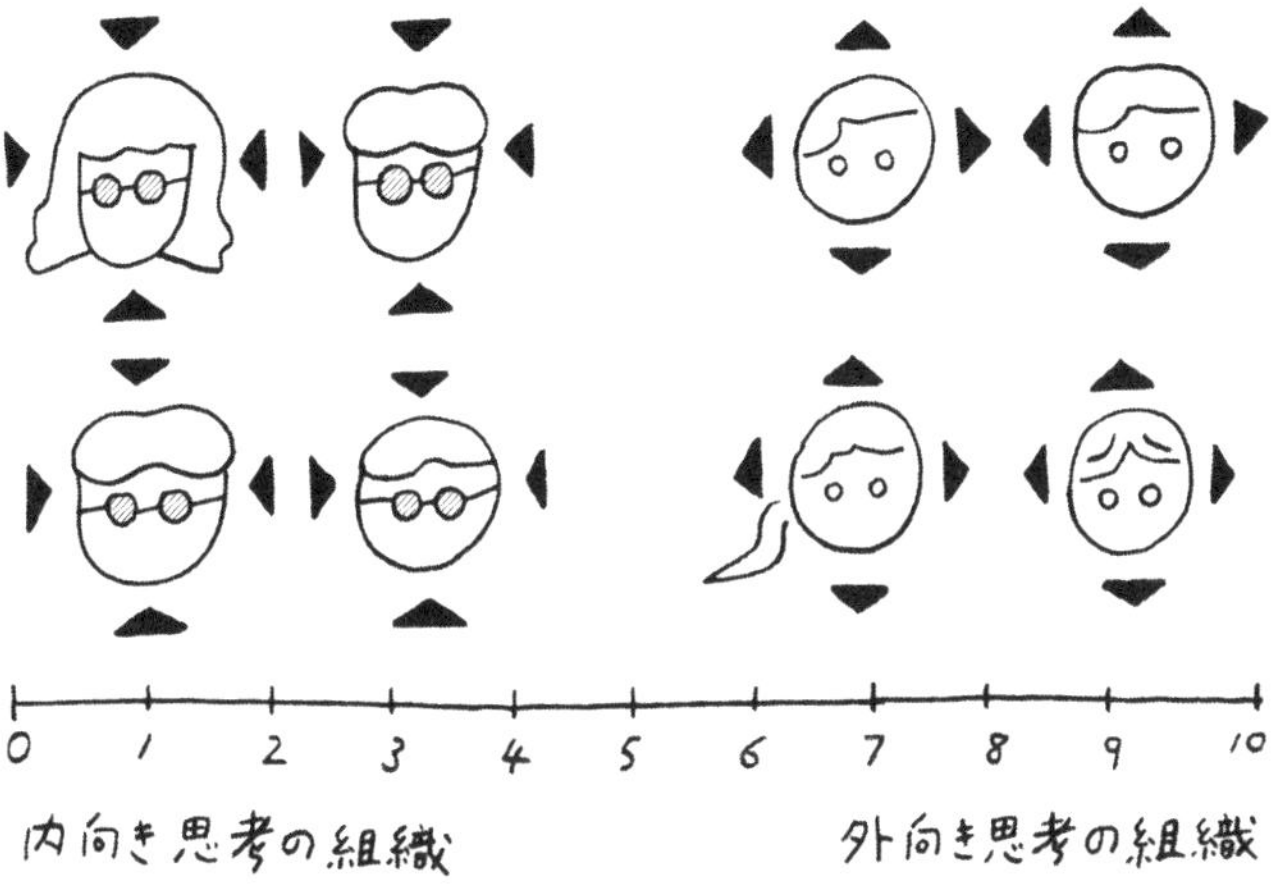

人が自分の組織をどう評価するかを見るのは、なかなか興味深い。

仮に完全な内向き思考を0点、完全な外向き思考を10点とすると自分の組織を5点よりも高く評価したのは比較的少数派で、多くは2点から4点のあいだだと査定している。

また、平均すると、**自分の組織を評価する際より、自分自身を評価するときのほうが高い値をつける。**

つまりひとつの会社内で、従業員は自分自身を7点だと評価するのに、組織については3点だと評価するような不一致が起こっているのだ。

ここに、前著『自分の小さな「箱」から脱出する方法』で示した「自己欺瞞」の問題が露呈している。

点数はともかくここで目標とするのは、個人のマインドセットも組織のマインドセットも、共にこの線上の右に向かって動かすことだ。

なぜなら、**組織がその戦略、構造、システム、プロセス、そして日常的な業務において外向き思考になればなるほど、そのアカウンタビリティー、協調性、革新性、リーダーシップ、文化、顧客に提供できる価値のすべてが向上する**からだ。

第4章 相手のニーズを考える

第3章のなかで、マインドセットには内向き思考と外向き思考の2つのタイプがあることを紹介し、ルイーズが率いる幹部たちを例に、マインドセットが変化することで、仕事への取り組みがどう変わるかを見てきた。

マインドセットが内向きから外向きにシフトすることによって、人はよりよい選択肢について考えられるようになることがわかったはずだ。

それは、**マインドセットが外向きになると、自分以外のものにも目を向け、自分にとって得か損かという狭い了見を超えた考え方ができる**からだ。

外向き思考へのシフトによって、周囲の人たちに対する見方、関心の持ち方、関わり方も変わってくる。このことも、ルイーズと幹部たちの経験から読み解くことができる。

マインドセットが外向きへと変わっていくにつれ、彼らは自分にとって必要なことばかりでなく、自分以外の人――仲間やレイオフを実施した場合に影響を受ける人たち――にも目を向

図7　外向き思考で人を見るとき

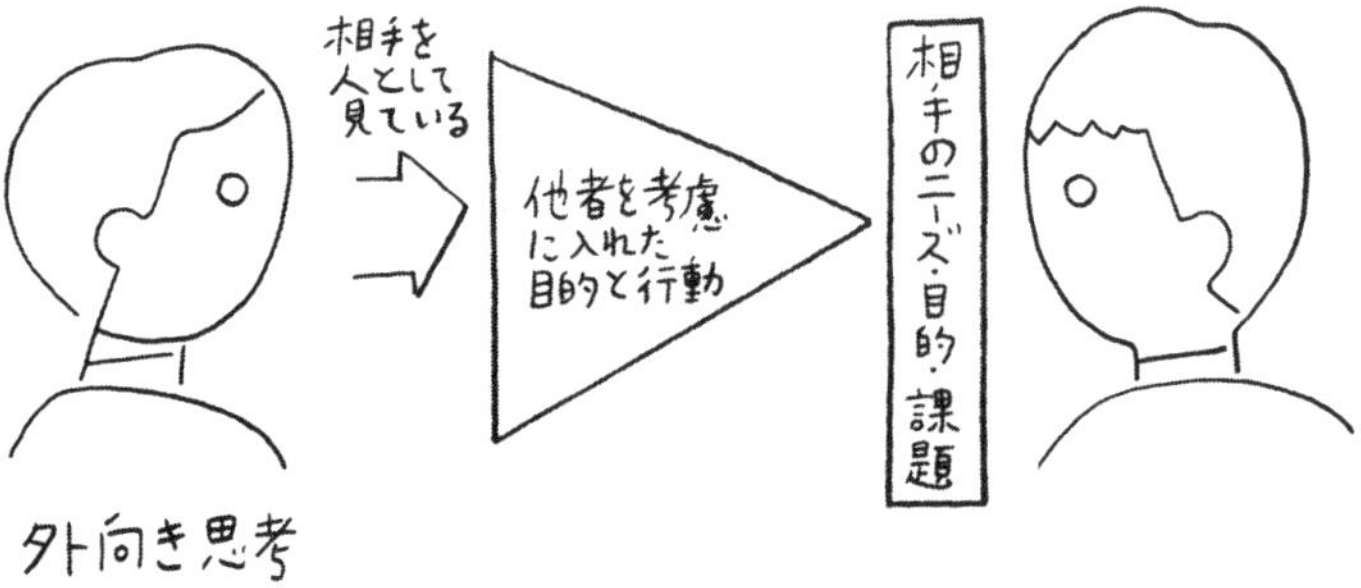

け、尊重するようになった。このとき突破口が開いた。

　他者への見方が変わったことで、彼らの考え方や行動も変わりはじめたのだ。

まわりの人を「便利な道具」として見ていないか？

　図7と図8は、マインドセットによって行動や人との関わり方がどう変わるかを示している。図の三角形は自分の目標の捉え方と他者との関わり方を表している。

　外向き思考では、自身の目的や行動が、ほかの人のことも考慮に入れたものになる。外向きの三角形がこれを表している。

　これに対して内向き思考では、自身の目的や行動が自分中心のものになる。内向きの三角形がそ

図8　内向き思考で人を見るとき

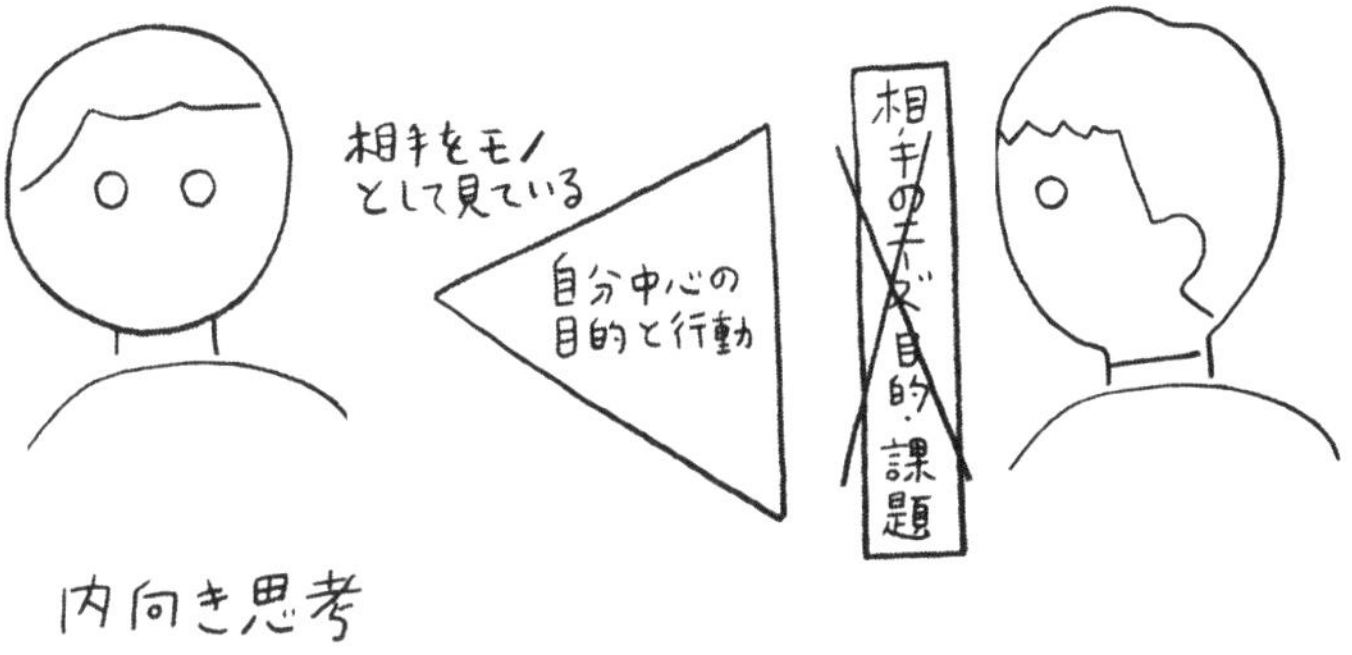

れを表している。

2つの図には、それぞれのマインドセットにおいて、まわりの人を見る態度の違いも示されている。外向き思考では、他者のニーズや目的、課題を敏感に察知し、関心をもっている。つまり、**まわりの人たちを〝人〟として見ている。**

一方、内向き思考では、まわりの人を〝人〟としてではなく、**自分のために役立ってくれる〝物〟として見ている。**

自分の役に立ってくれる人は「便利な道具」とみなし、自分にとって厄介な人は「障害物」とみなしている。相手が何か手助けしてくれても、それが自分にとって重要なことでないなら、「無関係な物」とみなす。

ここで注意したいのは、**「内観」と内向き思考を混同しないこと**だ。もちろん、自己中心的な内観をしているのであれば、それは内向き思考だといえるだろう。

けれども、人は他者との関わり方について内観することもあり、それこそが私たちの言う外向き思考の本質でもある。ときには、**自身の内側を見つめることで、他者とどう関わればよいかがわかるときもある**のだ。

「物」が「人」に変わるとき、イノベーションが起こる

こうした「外向き思考による内観」は、たとえば第1章で紹介したヘルスケア関連会社にとっては、戦略上必要だったといえる。

この会社が変革に成功したのは、社員たちが同僚や顧客と接する際に、相手のニーズや目的、課題を敏感に察知し、自分のことのように関心をもとうとしたからこそ成し得た、と言っても過言ではない。

この会社が初期に買収したなかに、治療面でも財政面でも長いあいだ苦闘を続けていた医療施設があった。

この施設ではあらゆる専門分野のリーダーたちがチームを組んで運営にあたっていた。が、彼らはとても有能だったものの、長い年月のうちになぜ自分が医療の道を選んだのかを忘れてしまっていた。

内側ばかりに目を向けた施設運営が長年続いたことで、**自分たちのことばかり考える体質が強化され、彼らは自分たちの仕事が他者や社会にどう影響するかに目を向けなくなっていた。**とりわけ問題だったのは、担当する患者のことまで考えなくなってしまうことがしばしばあったことだ。

ひとつ例をあげよう。

この施設を買収してから2、3カ月もしないうちに、ある年配のベトナム人患者が他の病院から転院してきた。

米国内に住む子どもを訪ねた旅からベトナムへの帰国途中、この女性はひどい合併症に見舞われた。英語が話せず、そばに家族もいないなかで、彼女はスタッフと基本的な意思の疎通もできず、あっという間にスタッフを悩ませる存在になってしまった。

衝動的な行動を次から次へと起こし――食べ物を投げつけることからはじまり、やがて溲瓶《しびん》を投げつけるようになった――そのたびにスタッフの誰ひとりとして理解できない言葉でわめいたり、怒鳴りつけたりした。

「彼女にはもう退院してもらおう」。リーダー会議の席で、1人がこんな要求を出した。「彼女を受け入れてくれそうな行動障害者用の施設があるはずだ」。すると、別のリーダーがこれに同意して言った。「そのとおりだね。だが、その前に、まずは彼女を落ち着かせる薬の処方ができる医師が必要だ」

2つの選択肢を出したところで、メンバーは会議を終わらせようと席を立ちはじめた。

「彼女のようになるって、どういうことなのかしら？」

会議に出席していたメンバーの1人が、ほとんど独り言のように外向き思考の質問を静かに声に出した。それを聞いてみな立ち止まった。

「彼女のようになるってどういうことなのか、考えていたの」と彼女は続けた。「彼女は暮らしていたところから遠く離れた言葉も通じない国にいて、何が起こっているのか理解できないのよ。どうしてここに入院させられているのか、ちゃんと家に帰ることができるのか、何もわからないのよ。彼女がどんな思いでいると思う？　そんな状態って、いったいどういうものなのかしら？」

全員が再び席に着いた。

しばらくして食餌療法の専門家が声を上げた。

「ねえ、私の家の近所に小さなベトナム食品店があるんだけど、食べ慣れた物を彼女に食べさせてあげたら、何かが変わるんじゃないかしら。ネットでレシピを探せば、キッチンでつくれる物が見つかると思うわ」

そこで、ソーシャルサービスの担当者が地元のベトナム人コミュニティグループを探しはじめたところ、その週のうちに彼女のベッドサイドで個人的に会話をしたり、看護師たちのために翻訳サービスを提供したりしてくれるボランティアのラインアップができあがった。

さっそくすべてのスタッフが結集して、彼女が入院生活に耐えられるようにするだけでなく、充実した入院生活が送れる道を探りはじめた。彼女は、もはや施設で働く人々にとって〝物〟ではなくなっていた。〝人〟として——それも心から助けてあげたい人として——みなされるようになったのだ。

このチームのメンバーが患者を〝人〟として考えるようになったとき、最高のアイデアが出せたことに注目してみよう。

同じことがチップ率いるSWAT隊のメンバーやルイーズの会社の幹部の面々にも言える。「**自分のまわりの人たちは〝物〟ではなく〝人〟である**」と考えることで、素晴らしいアイデアが生み出せるようになるのだ。

この事実を一度理解すれば、変化なんて起きっこないと思われる状況でも、変化を起こすことができる。

自分の行動がどんな結果をもたらしているか忘れていないか

ひとつの例として、イヴァン・コルニアとその父、ウィリアムのストーリーを見てみよう。イヴァンが生まれた1929年はちょうど世界大恐慌に見舞われた年で、彼の父は朝と夜に家族で経営する農場で働きながら、そのあいだに地元の運河で長時間働いていた。

運河の仕事の上司はとても気むずかしい人で、ウィリアムは腹を立てて家に戻ってくることがしょっちゅうあった。

彼は酒に逃げ場を求め、怒りとアルコールが一緒になると暴力的になり、まずは農場にいる動物に当たりはじめる。ある時は蹄鉄《ていてつ》を打った馬にさらに蹄鉄を打ちつけ、馬が急に突き上げた脚で自分の脚を切り裂かれた。

ウィリアムは思わず跳び上がり、金属のやすりをつかんで馬の頭に打ちつけた。そのとき手綱を握っていた幼かったイヴァンは、1200ポンド（約550キロ）の馬の身体が足元に崩れ落ちるのを見て、「パパが殺した」と思った。

それ以外にも、イヴァンは父親が羊や乳牛、山羊、犬などを殴りつけている姿を何度も何度も目撃していた。次は自分の番じゃないか、そんな不安をイヴァンは常に抱えていた。

ある日の朝早く、イヴァンと父親は一緒に納屋にいた。

イヴァンが牛の乳を搾っているあいだ、父親はほかの家畜の世話をしていた。

そのときイヴァンのすぐそばにいた隣の牛舎の牛がしっぽを振り、しっぽの先がイヴァンの目に当たった。イヴァンは思わず跳び上がり、自分が座っていた搾乳用の金属椅子をつかむと、すさまじい勢いでその牛を殴りはじめた。父親のどなり声を耳にしつつも叫びながら思いっきり怒りをぶちまけると、イヴァンは椅子を下ろしてへなへなと座りこみ、また搾乳の作業に戻ろうとした。

だがそのとき、恐ろしいことに気がついた。イヴァンが殴りつけた牛は父親のお気に入りの牛で、父親はイヴァンのわずか6メートルほどのところにいたのだ。

イヴァンは身体が震えはじめ、椅子に深く沈み込んだ。牛の脇腹で顔を隠し、きっと父親が殴りに来るにちがいないと、心臓をバクバクさせていた。

だが、父親は来なかった。イヴァンの心臓が波打つ音を除けば、納屋のなかはしんと静まりかえっていた。

永遠とも思える時間が過ぎたのち、父親は静かにイヴァンのもとにやってきて、息子の隣に搾乳用の椅子を置いた。

そして、穏やかな声で言った。「イヴァン、おまえがやめるなら、パパもやめるよ」

70年ほどのちにこの話を思い出しながら、イヴァンはこう語った。

「あのとき以来、私は父ほど優しく、思いやりがあって、頼りになる人間に出会ったことがない」

イヴァンの父、ウィリアム・コルニアは自らの生活を一変させ、二度と昔の自分に戻ることはなかった。以後、暴力を振るうことも、ひどい言葉を吐くことも、アルコールを口にすることもなかった。

彼はあっという間に別人になった。当時のウィリアムを知る人は誰ひとり、彼がこんなふうに変われるなどと想像できなかっただろう。しかもこれほどすっかり変わってしまうとは。いったい彼はどうしてこんなことができたのだろう？

ウィリアムは息子に必要なもの、そして自分が息子に与える影響への責任を自覚した瞬間、自分は変われると気がついた。

ウィリアムの変化は劇的なものだった。

それは**単なる行動の変化ではなく、考え方の変化だったから**だ。

相手の欲しているものを理解する

アプリ開発で大成功を収めたアウトフィットセブン社の製品開発部門の事業部長を務めるロック・ゾルコはこう語る。

「まわりの人々を〝物〟ではなく、〝人〟として扱うべきだと気づいたのは、目が覚めるような体験だった。一度これに気づいたら、もう二度とこの考えを無視できなくなるよ」

これは明らかにウィリアム・コルニアにも当てはまる。

自分が息子に与えている影響力の大きさに一度気づくと、もうそれを無視することはできなかった。

息子を〝物〟ではなく〝人〟として見るようになったことが、ウィリアムにとって内向き思考から脱出するきっかけとなったのだ。

ウィリアムにしろ、ルイーズと幹部たちにしろ、あるいはチップと彼が率いるSWAT隊やベトナム人患者を担当した医療施設のスタッフたちにしろ、**自分の利を超えて他者に目を向け、相手が何を必要としているかに気づいたとき、外向き思考へと変わることができたのだ。**

本書ではこれから多くの実例を示しながら、内向き思考と外向き思考の違いをさらに探究し、仕事もプライベートも常に外向き思考で臨むにはどうすればよいかを明らかにしていく。

第2部では、内向き思考と外向き思考の違いをさらに深く探っていく。人々が内向き思考でいたせいでどんな障害にぶつかるのかを見ながら、個人の生活や組織内の両面において、内向き思考がどんな結果を招いているかを考えていこう。そして、内向き思考のケースと対比しながら、彼らのマインドセットが外向きに変わるとどうなるかを見ていこう。

第3部では、外向き思考のパターンを詳しく見て、常に外向き思考で物事に取り組んでいくためのステップを一つひとつ示していく。

第4部では、チームでも組織全体でも、外向き思考のアプローチを実行するために考えておかなければいけない重要な問題と、役に立つ行動を示していこう。

第 2 部

落とし穴は
どこに
あるのか？

第5章 自分のやり方から抜け出す

外向き思考にはさまざまなメリットがあるというのに、人はどうして内向き思考のままでいるのだろうか？

多くの人は、何かうまくいかないことがあると、その原因を困難な状況や厄介な人たちのせいにしてしまいたくなる。

だが、私たちの経験から言うと、**人がなかなか外向き思考になれない理由は「自分自身」にある。**私たちは自分で自分の道を塞いでいるのだ。

ひょっとするとあなたも今、「私の問題は、そんなに甘いもんじゃない」と言いたくなるような状況に置かれているかもしれない。

やりにくい上司に頭を抱えている人もいるだろう。

口やかましい妻（夫）に閉口している人、何を考えているのかわからない子どもたちを相手に途方に暮れている人もいるだろう。

経済的に行き詰まっている人もいるだろうし、自分のキャリアに未来はないと感じている人もいるだろう。

おそらく、そんな困難な状況に追い込まれれば、内向き思考になるのもしかたないと思ってきたのだろう。そう思う気持ちはよく理解できる。私たちも通ってきた道だから。

けれども幸いなことに私たちは、困難にも負けず、外向き思考への道を見つけて人生を一変させた人たちを知っている。彼らは外向き思考になって以降、大きく人生を好転させた。

そのひとりがクリス・ウォーレス。**どれほどの苦難にあっても、自分のマインドセットは自分が選んだものだ**ということを彼に教えてくれたのは、17歳の少女だった。これから、そのクリスのストーリーを紹介しよう。一個人の人生にまつわるストーリーだが、この教訓はどんな人にも、どんな場面にもいかせるはずだ。

父と絶交した日

1967年8月のある日、息苦しいほどの暑さのなか、16歳のクリスは家族が経営する牧場の干し草を刈っていた。

クリスの父が妻のマーガレットにちなんで名付けた〈サンタ・マルガリータ牧場〉は、ネバダ州リノから100マイルほど南東に位置し、約1580ヘクタールもの広さをもつ広大な牧場だった。

牧場の真ん中を流れる川に沿ってポプラの木が並ぶ景色は、単調できつい牧場の作業からも、夏のネバダに降り注ぐ日差しからも逃れられる憩いの場だ。

その日、クリスは干し草を刈り、刈った草を一カ所に集める機械を動かしていた。父親への不満をブツブツ呟きながら。

彼の父、ネイト・ウォーレスは北カリフォルニアの小麦農家で育ち、やがてカリフォルニア州初の農薬散布のパイロットの1人になった。

ネイトとマーガレットはネバダ州カーソンシティで出会ってすぐに結婚し、その後2人はリノでプライベート空港を買い取り、運営していた。

数年後、空港を売却して莫大な利益を手にした彼らは3つの牧場を購入し、それらをまとめて〈サンタ・マルガリータ牧場〉を形成した。ネイトなりのやり方で、自分のルーツに戻ったわけだ。

クリスときょうだいたちにとって、その牧場は社会的地位のシンボルでもあり、はてしなく続く退屈な手伝いの元凶でもあった。

クリスが14歳のとき、牧場から逃れるチャンスが訪れた。

それはペンシルベニアからやってきた裕福な叔父ディックが運んできた。

「クリスをうちのほうに連れて帰りたいと思う。あの子に東部を見せてやりたいんだ――東部の街並み、博物館、南北戦争跡地なんかをね。いとこたちにも会わせてやりたい。そして、ビジネスの可能性を見せてやりたいんだ」

ある晩、叔父は夕食の席でクリスの父にそう言った。

彼の言う「ビジネス」とは、ネルソン・ロックフェラー・グループの1社を指している。叔父は当時、その会社の社長職に就いていた。

「クリスにとっては大きなチャンスになると思うよ」と彼は言った。

クリスはこの提案に度肝を抜かれた。母方一族の富と成功のストーリーを聞いてはいたが、まだ一度も東部へ行ったことも、彼らの暮らしを自分の目で確かめたこともなかったのだ。

彼は〈サンタ・マルガリータ牧場〉のほこりっぽい道やはてしない牧草地から離れた人生を思い浮かべ、隠しきれないほどの興奮を覚えた。

父のほうを振り向き、期待を胸に父の顔を見つめた。

ネイトは口いっぱいにほおばったポットローストを嚙み終わると、ナプキンで口をぬぐった。そして、首を振った。

「ありがたい申し出だがね、ディック」と父は口を開いた。「それはできない相談だ」

ほんの少し前まで舞い上がっていたクリスの気分は、ほこりまみれの荒れ果てた現実へと真っ逆さまに落ちていった。急に自分の人生に限界が生じ、牢獄に入れられたようにも思えた。

クリスは黙って皿を見つめ、父への憤りが自分のなかで膨らんでいくのを感じていた。やがて怒りがぐつぐつと湧き上がり、ついにはいきなり席を立ち、家を飛び出してしまった。

父が彼を探しに出てきたが、クリスは父と関わるのもいやで、ずっと息を潜めていた。

父はまさに終身刑を言い渡したも同じで、クリスは父に激しい憎しみを抱いた。彼は父が探すのをあきらめてからもずっと、ポンプ室の屋根の上に隠れていた。

うまくいかないことはすべて父親のせい？

クリスはその日の分の草を刈り終えると、あの晩の記憶を心のなかで再現していた。

あれから2年のあいだ、彼はずっと父と距離を置いていた。決められた日課はこなすが、それ以上は何もやろうとしなかった――口もきかず、必要以上の努力もせず、理解も感謝も示さなかった。

最低限の日課を終えるとすぐに、クリスは川沿いの雑木林のなかに姿をくらまし、父の書斎から拝借した本に夢中になることで、自分の人生から逃げていた。

クリスは気にも留めていなかったのだが、そのころ家の財政はかなり危険な状態になっていた。叔父のディックが重くのしかかる借金を面倒みようと申し出てくれたのだが、父は叔父からの援助をにべもなく断った。

あとがなくなった父は、広大な〈サンタ・マルガリータ牧場〉と引き換えに、わずか160エーカー（約65ヘクタール）の牧場と9ホールのゴルフコースを譲り受けるという屈辱的な証書を隣人と交わした。

牧場がもうすぐなくなると思うと、クリスは自分たちが田舎の敗北者になりさがったような気分になった。

これで、また父を嫌う理由が増えた。

ある日の夕方、クリスが家の付近まで戻ってくると、両親がケンカする声が聞こえてきた。クリスはそれまで両親が言い争うのを聞いたことがなかった。クリスがドアを開けたちょうどそのとき、父が母を殴る姿が目に入った――クリスにとって言い争う声を聞いたときの何倍もショックな光景だった。

クリスが母のために抱いた正義の怒りは、この2年のあいだ彼のなかで煮えたぎっていた憤りに火をつけた。

クリスは全速力で両親の寝室に駆け込み、父のピストルをひっつかんだ。顔は青ざめ、目に怒りを溜めながら、彼は家の外まで父を追いかけていった。

それからちょうど2カ月後の夜、クリスの人生は一転した。

すでに眠りに就いていたクリスは、2度の大きな物音で目を覚ました——1度目は銃が発砲した音、2度目は人の身体がドスンと床にたたきつけられた音。父親は、あの日クリスが撃とうとした銃で自殺したのだ。

クリスの兄が寝室に駆け込んできて何が起きたか教えてくれたが、クリスはその場面を自分の目で確認したいとは思わなかった。

廊下から父の脚が見えていた。クリスにはそれで充分だった。

父が死んだ、自分はもう自由なのだと、クリスは感じていた。

ネイト・ウォーレスの死は、すでに相当な苦労を味わってきた家族に、さらなる途方もない重圧を与えた。

クリスはすべて父のせいだと思った——金銭的な苦労も、家のいっさいを母が背負わなければいけなくなったのも、家族みんなが気後れし、自分たちは社会から見捨てられたと感じるようになったのも。何もかもに怒りを感じて、クリスは疲れ果てていた。

クリスは人生に何かうまくいかないことがあると、それをすべて父親のせいにした。

友だちとの仲がうまくいかない？——父のせいだ。

学校の授業についていけない？——それも父のせい。

自分の将来のことが決められない？　忠告をくれたり相談にのってくれたりする父親がいな

いからだ。

夜になると、父はクリスの夢のなかに出てきて眠りまで邪魔した。夢のなかで父は建物の外や、あるいは駐車場や野原の向こう側に立っている。だが、クリスが父のもとにたどり着く前に、父の姿は消えてしまう。

毎晩のようにクリスはこのシーンを体験し、夢のなかでも父に見捨てられた。

「父は自殺し、その父がいまだに夢に現れるんだ」他人にそんな話をすると、心から同情してもらえることをクリスは知っていた。

自分の人生は、自分でしか変えられない

21歳になったクリスは、ある晩そんな話を17歳の少女に聞かせた。その少女をアンと呼ぶことにしよう。これが、クリスのマインドセットを変化させたレッスンの始まりだった。

ほかの人たちとは違い、アンはクリスの話を聞いても、同情したようすはいっさい見せず、それどころか話を聞くなり、くすくすと笑いだした。

「何がおかしいんだい？」クリスは腹を立てた。

アンはすぐには答えなかった。

「おかしいことなんて何もないだろ。どうして笑うんだ？」

「だって」アンが答えた。

「あなたのパパはもう死んじゃってるんでしょ？」

クリスはただじっと彼女を見つめた。

「だったら、そんなことは全部あなたの頭のなかで起こっていることじゃない——パパの責任じゃないわ。**あなたの問題よ。あなたの夢なんだから**」

今の今まで、そんな考えが頭に浮かんだこともなかった。クリスはとまどっていた。

アンが言葉を続けた。

「もしパパに追いついたら、何て言うつもり？」

「父の過ちをすべてぶちまけてやる」

答えながら、クリスはだんだん感情的になってきた。「父のせいでどんなに母が苦しんだか、どんなに僕たちが苦しんだか、思い知らせてやる」

アンは少しのあいだ困ったように頭をかいていた。

「面白いわね。あなたは夢のなかでは思いきってパパと対峙《たいじ》できないでいる。それは、ある意味、パパの苦しみを増やしたくないからでしょ」

そんなことは考えたこともなかった。父が重荷を背負っていたなんて、その瞬間まで彼の頭に浮かんだこともなかったのだ。

クリスは**自分自身の苦しみにしか心を向けていなかった**。

「じゃあ、僕は父に何て言えばいいんだ？」クリスが答えを求めた。

「そんなの知らないわよ」アンが応じた。

「ずっとパパのことを嫌っていたこと、恨んでいたことを謝ればいいんじゃない」

「おいおい待ってくれよ、謝るのは父のほうだろ！　父が僕の人生を台無しにしたんだから」

「それは違うわ、クリス」アンが言った。

「あなたのパパが台無しにしたのはパパ自身の人生よ。**あなたの人生を台無しにしているのは、あなた自身よ**」

クリスは言葉を返すことすらできなかった。心が茫然とさまよっていた。アンの言葉を考えていた3週間、父は夢に現れなかった。

自分だけの解釈にとらわれた人間関係

ある夜、クリスは一晩中夢を見ていた。父が道路の反対側に立っている。クリスが父に目を向けると、父は身を隠すように素早く金物店に入っていった。クリスは急いで道路を渡り、その店に入った。以前の夢なら店のなかには誰もいなかったはずだが、その夜は、クリスが店のなかに入ると正面に、それもたった1メートルほど先に父が立っていた。

数年ぶりに、クリスは父と向き合った。

そして、夢のなかのクリスは、年下のアンのアドバイスに従った。

クリスが父にこれまでのことを謝ると、2人はしっかりと抱き合った。

目覚めたとき、クリスはこれまでまったく味わったことのない感覚で満たされていた。

父が恋しくてたまらない。これまで抱いていた辛辣な思いはすっかり影を潜め、父を想う気持ちが心を占めていた。

このとき感じた父への恋しさは、44年以上たった今でも、クリスの心から消えていない。自身の身に起きたこの大きな変化について、クリスはこんな大胆な結論を引き出した。

「他者への評価は、相手の行動しだいで決まると私たちは思い込んでいる。相手が何をしたか、あるいはしなかったか、自分のことをどれだけ親身に考えてくれたか、あるいは批判的な目で見ていたか、それが関係を決めると思っている。だが、それは間違いだと17歳の少女が教えてくれた。**私は相手を自分の解釈でしか見ていなかったんだ**」

父親がもたらした苦労を忘れようとしているだけではないのかという我々の問いに、クリスはたじろぐことなく答えた。

「いや、私はただ自分の過ちに目をつぶるのをやめただけだよ。だからといって、父がやったことを忘れたわけじゃない。父の失敗は、私だってわかっている。たしかに父はいくつか過ちを犯した。なかにはきわめてひどい過ちもあった。だけど、私はもう父の過ちについてくどくど思い返すことはない。自分の過ちを否定するために、父の失敗を利用しようと固執していたあの頃のようにはね」

「自分の過ちとは何なのか」と問うと、クリスは涙ぐんだ。

「あの頃、私は父のことをちゃんとわかっていなかったんだ。父の本当のところをね。**私にとって関心があったのは、自分がやりたいことだけだった**。父が背負っていた重荷——莫大な借金と大家族を養う責任——を理解しようともしなかった。10代の頃の私にすべてを理解できたとは思わないが、**問題は私が理解しようともしなかったということ**なんだ。ほんの少しもね」

「もし私が理解しようとしていたら」クリスは言葉を続けた。「父が叔父のディックに私を連れていかせるわけにはいかないと言ったとき、父は私の将来をダメにしようとしていたのではなく、父や家族にとって私が必要だったのだと考えることもできただろう。実際のところ、父が私を行かせたくなかったのは、少年から大人になろうとする時期の私をちゃんと見届けたい気持ちもあったんだ。誰だって、まだ14歳の末っ子をいきなり連れていくと言われて、あっさり送り出すことなんてできないだろう。私だってできないさ。父も同じだった」

クリスはその考えを振り切るように首を横に振った。

「なのに、当時の私は、私のことを何も考えてくれていないと、父に激怒した。本当は深く愛してくれていたから、あんな行動をとったのに、私にはそれがわからなかった。父の言い分を聞くことすらなかった。自分の解釈以外、興味もなかった。そのまま私は父に背を向け、自分の世界に引きこもってしまったんだ」

他者に関心をもたないと間違いに気づけなくなる

「そうそう、君は私の過ちとは何なのかを訊いていたんだね」クリスは質問者の目をまっすぐ見つめて、先ほどの質問を繰り返した。

「私の過ちとは、**自分だけに焦点を合わせていたこと**だ。そのせいで、私は自分のまわりの出来事をたくさん見落とし、誤解していた。私はね、毎日のように思うんだ。もし私が家族に起こっていたさまざまな出来事をきちんと見ようとさえしていれば、事態は変わっていたんじゃないかってね」

第4章でお話ししたように、**まわりの人たちのニーズや目的に関心をもつ**ことが、外向き思考の人と内向き思考にとらわれている人を分けるカギである。

マインドセットが外向きであれば、まわりの人たちのことを考え、彼らの求めているものや目的に関心をもって敏感に察知できるようになる。彼らを〝人〟として見るようになり、何か役に立てることはないかと積極的に考えられる。

これに対してマインドセットが内向きだと、気持ちが相手に背を向けてしまう。つまり、彼らの求めているものや目的が何であるか、気に掛けようとしなくなる。

こんなふうにまわりに関心を向けないほうが、人生がシンプルになるのではないかと思う人もいるかもしれないが、それは大きな間違いだ。

まわりに関心を向けなかったり、他人のことで心を動かさなくなったりすると、個人的にも社会的にも非常に大きな代償を払うことになる。

まわりに関心をもたないことで、自分を正当化していくようになるのだ。

人は、自分を正当化して道を間違えていく

他人の欠点に注目することで自分を正当化する。

それは現実の世界でも想像の世界でも同じこと。**自分を正当化し、他人を責めることは、個人的にも社会的にも大きな代償を払うことになる行為**だ。

他人の失敗は、「本人が悪いんだから、手を貸す必要はない」と考える言い訳になる。

自分の個人的な失敗は、「誰かが自分の邪魔をした証拠」になる。ちょうどクリスがそう考えたように。

どうしてこんなことが起きるのか考えてみよう。

こんな状況を頭に描いてほしい。たとえば、私にローリという同僚がいるとしよう。ある日、自分の仕事にとても役立つ情報を見つけたとする。ローリのニーズや目的を考えると、その情報はローリにも大変役立つことがわかっている。

私が外向き思考なら、自分の組織が成功するには、私だけでなく仲間の仕事も成功しないといけないわけだから、仲間の仕事がうまくいくように手助けする責任があると感じるはずだ。そして、その情報がローリの役に立つとわかっているなら、彼女にその情報を教えてあげようと思うだろう。

だが、それは義務ではない。まだ選択の余地はある。もし私がその情報を教えない道を選べば、どうなるだろう？　私のマインドセットに何が起きるだろうか？

ローリが過去に私を窮地に追いやるようなことをしていた場合、私が彼女に情報を隠しておこうかと考えはじめたら、あなたはどう思うだろう？　彼女が私を助けてくれなかったことに仕返しをしていると思うだろうか？

彼女に何か厄介なクセがあった場合はどうだろう？　そのうち彼女に面倒をかけられるのではと考えていると思うだろうか？

ひょっとすると、私はローリのことをよくわかっていないのかもしれない。よくわかっていないせいで、「きっと彼女はこんな人じゃないか」と想像が膨らんでしまうこともある。

では、頭のなかに描いたローリがどんな人だったら、情報を隠すことを正当化しやすくなるだろう？　頭のなかのローリが勤勉な人のとき？　それとも怠け者のとき？　信頼できる人のとき？　それとも当てにならない人のとき？　力になってくれる人のとき？　それとも非協力的な人のとき？

内向き思考でいたら、私はローリのことを正しく見ない――彼女に手を貸さない自分を正当化できるような見方をするからだ。彼女の性格の欠点や困難な状況に焦点を合わせる。そして、心のなかで考える――**ローリはダメなやつだ。**

そして、独り言をはじめる。

「それに、彼女はじつに厄介な人だ。彼女を信用なんかできない。本当に信頼できる人なら、あんな狡猾《こうかつ》な目つきをしていない。そもそも、彼女が真面目に働いているなら、きっと自分でこの情報を見つけていたはずだ。怠け者を助けてやるべきじゃない。むしろ、そんなことをしたら会社のためにならない。この情報を彼女に教えてあげることこそ、まさに過ちだ」

このように、自分がとった行動を正当化するように考えるだろう。

「見ないようにしてきた人」は誰だろう

これはクリスの父親に対する見方と似ている。

クリスの内向き思考な視点からすれば、彼の人生に起こった悪い出来事はすべて父親に責任のあることだった。自分はその状況でできるかぎりのことをやっていたのに、とクリスは感じていたのだ。

でも、自分自身の苦しみにばかりに向いていたクリスの意識が父の苦しみに向けられたとき、クリスのマインドセットが変わりはじめた。

彼が置かれていた状況を考えれば、これは簡単なことではなかったが、最終的には、意識を父に向けることができた――**父を責めるのではなく、父を理解した**のだ。この強い意志が、これまで自分で自分を閉じ込めていた暗く窮屈な世界からクリスを解放したのだ。

あなたも自分の状況を考えてみよう。

何年ものあいだ、クリスは父親が必要としていたもの、背負ってきたもの、懸命に取り組んできたものに目を背けていた。

あなたの場合はどうだろう？　職場にしろ家庭にしろ、誰かの必要としているものや目的に目を背けていないだろうか？　逆に、あなたが目を背けていない人――あなたが心を開き、関心をもっている相手――についてはどうだろう？

目を背けている相手とそうでない相手、それぞれとの関係をくらべて、あなたの感じ方や行動にどんな違いがあるだろうか。

ある人に対して心のなかでつぶやいている非難や、自分がこうだと思い込んでいる自己正当化ストーリーを自分で指摘できるだろうか。

こうした非難や自己正当化ストーリーが見つかるのは、どんな関係においてだろう。相手のニーズや相手の目的、課題を敏感に察知し、自分のことのように関心がもてる関係だろうか、それともそうでない関係だろうか？

クリスの体験談は、**人生を悩ましいものにする最大の要因は、「他者を理解すること」から目を背けている自分の姿勢なのだ**と教えてくれている。

希望がわいてくる話じゃないか。クリスにもできたように、他者との関係を損なう、ゆがんだものの見方は捨て去ることができるのだ。

真実から目を背けないことなら、私たちにもできるはずだ。

第6章 ニセモノの外向き思考

第5章で、他人のニーズや目的を無視しようとする人たちは、そうする自分を正当化する方法を探すという話をした。

会社の一員にもかかわらず、自分を正当化する方法を探すことに時間もエネルギーも注いでいる人は、会社全体の成果に貢献できるはずの力をムダにしてしまっているのだ。

こうした自己正当化のために、**エネルギーや時間を浪費し、組織がサイロ化することの影響は、組織を最も弱体化させる原因のひとつ**である。

図9は、問題のある職場の根っこにある内向き思考を示した図である。

通常、同じ人の行動でも、ある人には内向き思考を示し、別の人には外向き思考を示すことはめずらしくないが、この図では問題をわかりやすくするために、仕事上関係する相手を基本的な4つのタイプ（方向）に分け、そのすべてに対して内向き思考で対応する組織、あるいは個人を示している（この図は別のシーンでも応用可能だ。たとえば、プライベートな関係等、

図9　職場における内向き思考

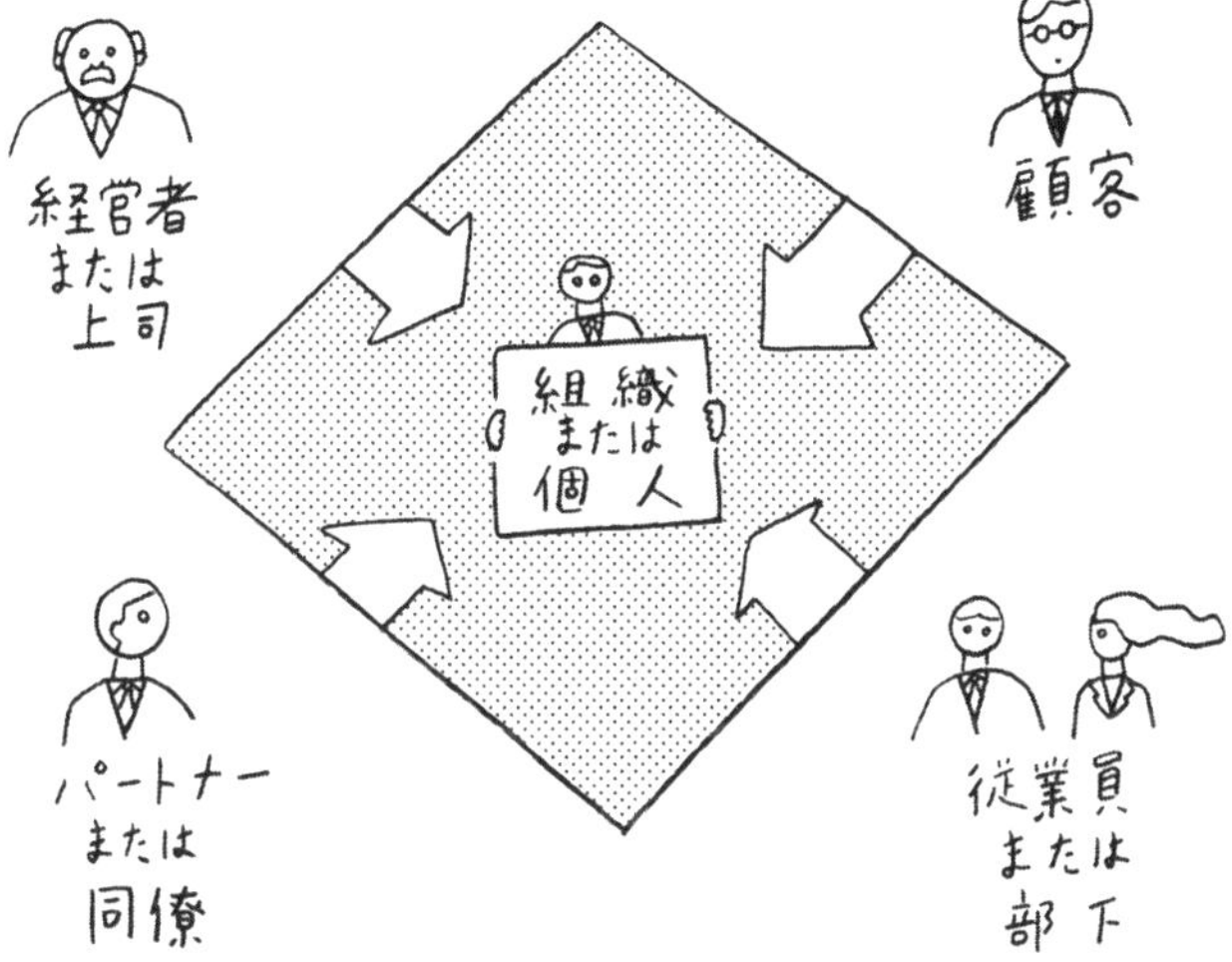

これとは別の分類の相手をあてはめてもよい。また、特定の人物の名前を入れてもよい)。

内向き思考の場合、人は自分の目的達成のために、他者——顧客や直属の部下、同僚、上司や経営者に対して、プライベートなら子どもや配偶者、隣人など——に求めるものにだけ、焦点を合わせている。

「自分がほかの人たちに何ができるか」ではなく、**「まわりの人間が自分に何をしてくれるか」がおもな関心事になっているのだ。**

図は、他人のニーズ、目的、課題の部分を割愛し、心の向きを示す矢印を内向きにすることで、この現実を表している。

内向き思考にとらわれている人々は、他人のニーズ、目的、課題に目を向けていないために、**人との関係も、仕事のしかたも、自己中心的な考えを正当化するものになる。**

こうして一人ひとりが内向き思考から抜け出せないでいると、それは単に個人の問題にとどまらない。**組織全体が、途方もないダメージを伴う内向き傾向へと陥りかねない。**

こうしたマインドセットについて、実例をあげて説明しよう。私たちアービンジャーが実際に経験した話を2つ紹介することで、個人レベルでも組織レベルでも理解してもらえるだろう。最初の体験談は、人がいかに容易に内向きで自己中心的な考え方に陥るかがよくわかる話だ。2番目の体験談からは、組織がいかに内向き思考に陥りやすいかがわかるだろう。

自分の利益だけにとらわれる内向き思考

何年も前のことになるが、アービンジャーが組織としてスタートしてからまだ間がなく、私たちのことを知っている人もほとんどいなかった頃、私たちは多大な時間をかけて、ある企業の大規模な「企業風土改革プロジェクト」の提案書づくりに取り組んでいた。

そのクライアントに提案書を送った日の午後、私たちは次に何をすればよいのか思案に暮れ、何かよい案が出ないかとたがいに顔を見合わせていた。

「もう何も考えつかないよ。いっそ泳ぎにでも行こうよ」と1人が言いだし、結局私たちは淡い期待を残してそのまま泳ぎに出かけた。

2、3週間後、われわれは、そのプロジェクトの最終選考の3社に残ったと連絡を受けた。残りの2社は、その当時から世界でも有数の研修コンサルティング会社だった。

クライアントからの通達によると、最終選考に残った3社は選考委員会の前で2時間のプレゼンを行なうことになっている。

うわさでは、その会社の人事部長が、すでに知名度の高い2社についてはいずれも問題ないが、まったく無名の会社を採用することについては、プロジェクトを失敗させはしないかと懸念しているらしい。そんなリスクは負えないというわけだ。大きな壁が立ちはだかっている、私たちはそう感じていた。

控え室でプレゼンの出番を待つあいだ、私たちは胃がしめつけられる思いでいた。

私たちの心のうちは、世界的ゴルファー、リー・トレビノの「その一打で大金が舞い込むというときのパットはじつにむずかしい」という言葉の示す心理状態そのものだった。

つまり、私たちは**自分たちのことだけを気に掛けていた**のだ。**顧客との関係は二の次だった。**

私たちが落ち着いていられなかったのは報酬に目がくらんでいたからで、もしプレゼンがうまくいかなかったら、私たちは何も手に入れられないという恐怖心があったからだ。

私たちの心にあったのは**私たち自身の目的**であって、**顧客の目的**ではなかった。

私たちは「企業風土の改革」に対する外向き思考のアプローチを、自分たちのマインドセットが内側を向いたまま、プレゼンしようとしていたのだ。

幸いなことに、私たちのメンバーの1人がこの状況に気がつき、メンバーをたしなめた。

「おいおい、われわれは誰よりもこのことをわかっているはずだろ。この契約が取れるかどうかは、考えたってしかたがない。決定権はこちらにないんだ。わかっているのは、この15人と向き合う時間が2時間はあるってことだ。この会社と向き合えるのは、泣いても笑ってもこれが最後かもしれない。だったら、与えられた2時間のあいだ、彼らにとって有益な存在でいられるよう、ベストを尽くそうじゃないか」

この言葉で、私たちは自分の首をしめずにすみ、最終的に契約を勝ちとった。

自分の仕事は誰の役に立つためか?

今から考えると、この契約が取れなければ、スタートしたばかりのアービンジャーは生き残っていけなかっただろう。

皮肉なことに、**私たちの会社が利益を得るのは、いつも自社の利益を考えていないときだった。**

もし私たちが内向き思考のままでいたら、クライアントも自分たちの会社もどちらも救えなかっただろう。

あの控え室での経験から、私たちは長年こんな質問を自らに問うことを忘れないよう肝に銘じてきた。

「私たちが最も注目し、関心をもっているのは誰のニーズと目的だろうか――クライアントのニーズと目的か、それとも私たちのニーズと目的か？」

それにもかかわらず、私たちは何年ものちに、手がけていたなかでもかなり重要な業務で、知らず知らずのうちにまたもや内向き思考になっていたことに気がつくことになる。

私たちの仕事では、クライアントの社内でワークショップの進行役をやったり、外向き思考を推進できる人材を養成することがある。こうした「内部パートナー」を養成するのはじつに楽しい。そのため、私たちは「立派な仕事をしている」とずっと信じていた。

ところが、ある事実が発覚した。

私たちは多くの内部パートナーを養成していたが、その結果、**彼らは私たちの活動を手助けしているにすぎないことに気づいた**のだ。

内部パートナーが仕事をマスターしていくのを手助けするのはもちろん私たちの大切な仕事

だ。当然、続けていく必要がある。

けれども、私たちはもっと大事な何かを見落としていたことに気がついた。**彼らを雇っている組織のニーズ、目的、課題を完全に満たしているとはいえなかったのだ。**クライアントである組織が内部パートナーに何を求めているかをきちんと理解していなかったのだから、自分たちが本当に役に立っているのかどうか、わかるわけがない。

たとえ内部パートナーから高い顧客満足度を示されても、私たちの仕事がクライアントである「組織」の目的に適っているかどうかは、それだけでは判断できない。

何年も前のあの控え室での出来事と同じように、私たちは組織として内側を向いてしまっていることに気がつかなかった――**自分たちの「仕事の質」を上げることにばかり気をとられ、そこからクライアントが享受する「価値」に目が向いていなかった。**

再び目が覚めた私たちは、自分たちがやっていた多くの仕事に疑問を投げかけてみた。それをきっかけに、私たちは業務の大部分を再構築することになった――組織の構成、時間と人材の配分、クライアントへの対応プロセス、提供するサービスの内容とともに、成功の評価基準や企業としての目標も見直した。

私たちは「他者に提供するアイデアを自らが利用する」という意味で、自分たちが自分たちのクライアントになっていた。自分たちのなかの内向き思考に潜り込んで、個人的な努力も組織的な努力も台無しにしてしまっていたのだ。

「相手のため」と「自分のため」がすれ違うとき

自分たちのマインドセットのズレを見逃していた理由のひとつは、それが「一見、外向き思考に見える内向き思考スタイル」だったからだ。

図10は個人においても組織においても顕著に見られる、この〝一見外向きに見える〟内向き思考スタイルを示している。

外向き思考を示した図7と同じように、図10でも矢印は外側を向いていることに注目してほしい。

ただ、外向き思考の図と違って、図10には**相手のニーズ、目的、課題が存在しない**。

このタイプの内向き思考で動いていると、自分たちはちゃんと相手のために行動していると錯覚してしまうがその実、**相手のニーズ、目的、課題にはまったく届いていない**。

ここから次のような疑問が浮かび上がる。「相手のニーズ、目的、課題がわからないのなら、いったい何のために行動しているのか？」

これは、私たちアービンジャーのメンバーが自らに問いかけなければいけない疑問点だった。ある意味、私たちはあの控え室でも同じ疑問にぶちあたっていた。

図10 一見外向きに見える内向き思考

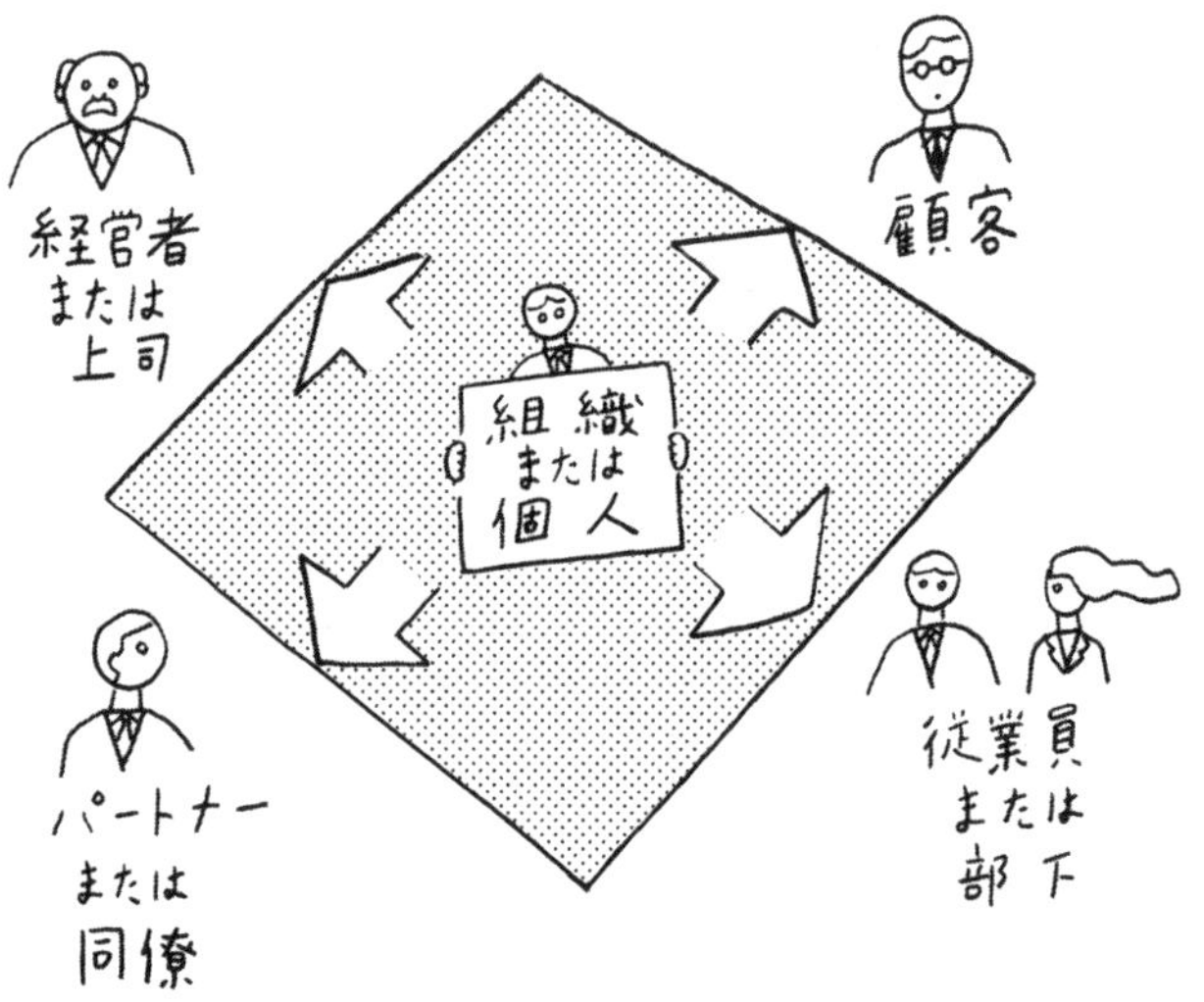

「私たちが何よりも注目し関心をもっているのは、いったい誰のニーズと目的なのだろう——顧客のニーズと目的なのか、それとも私たち自身のニーズと目的なのか？」

このタイプの内向き思考の図は、内向き傾向の人や組織がしょっちゅう経験していることをうまく表現している。

彼らは、職場における標準的な内向き思考を示す図（図9）、つまり矢印が内側を向いている図が示すような自己中心的な人間として振る舞っているわけではない。**いつだって相手のためになる行動をとっていると思い、実際に自分では「外向きな人間」として振る舞っている。**

私たちの同僚の1人、ジョー・バートリーも同じような経験をしていた。彼の娘が真実に気づかせてくれるまでは。

形にとらわれていると見えてこないもの

ある晩、ジョーは娘たちを寝かしつけようと奮闘していた。4歳のサラをベッドに押し込んだ後は、6歳のアンナの番だった。アンナは身体を丸めた姿勢で壁のほうを向き、ジョーから顔を背けていた。

ジョーは身体をかがめて、アンナを布団のなかに押し込めた。それが終わり、ジョーが振り返って息子のジェイコブの宿題を手伝いにいこうとしたとき、アンナが何かささやくのが聞こえた。何を言っているのかはわからなかったが、アンナはたしかに父親に向かって何かをささやいていた。

「何だね、アンナ?」ジョーは腰をかがめて、耳を傾けた。

「パパはジェイコブほど私のことが好きじゃないのね」ほとんど聞き取れないほどの声で、アンナは繰り返した。

その言葉に、ジョーは一瞬茫然としたものの、すぐにアンナがひどく傷ついていることに気がついた。「そんなことはない、アンナのことも大好きだよ」ジョーは娘を安心させようとした。

「ううん、私のことは好きじゃない」ささやき声でアンナが返した。

ジョーは少し間をおいて、ようやくこう尋ねた。「どうしてそんなことを言うんだい？」

「ジェイコブとは遊んであげるのに、私とは遊んでくれない」

「遊んでるじゃないか」ジョーが弁解した。「毎晩仕事から帰ると、みんなでバスケットボールをしてるじゃないか？」

「バスケットボールなんて嫌い」アンナがささやいた。

その後今日にいたるまで、ジョーはこのときのことをしょっちゅう反省している。

「自分の幼い娘がバスケットボールを好きじゃないってことすら知らなかったなんて、私はなんて父親だったんだろう」自分にあきれているように彼は言う。

「実際のところ、バスケットボールが好きだったのは私自身で、子どもたちと一緒にバスケットをやっている自分は、ちゃんと子育てをしていると考えていたんだ。だけどアンナが気づかせてくれたんだよ。子どもたちのことをちゃんと見ていなかったってことにね。全然わかってなかった。私は**私自身が子どもたちとやりたいことをやっていただけなんだ。**子どもたちが何をしたがっているかなんて、気にもとめていなかったんだ。私は一見うまくやっている——しかも楽しいことが大好きな——内向き思考の父親だったんだ」

これはとても陥りやすい落とし穴だ。

とくに人を助ける仕事をしている人——たとえば医療関連、接客業、教育者、カウンセラー、家族の介護をしている人など——は要注意だ。

では、内向き思考でいるとどんな代償を払うことになるのだろう。

それは、相手のために何ができるかよりも、**自分自身に焦点を合わせてしまうことで見当ちがいの課題に取り組んだ結果、多くの活動や努力がムダになってしまうことだ。**

他人との協調がなければ、なかなか新しいものは生まれてこない。

また、内向き思考による考え方や働き方は退屈なものなので、従業員が離れていくということも起こる。

第7章では、内向き思考が必然的に引き起こす数多くの問題に悩まなくてもすむ、外向き思考のアプローチについて説明しよう。

第7章

外向き思考でうまくいった会社

あなたの人生で、最も何かに熱中し、活力に満ちていたときのことを思い出してみてほしい。

そのとき、**あなたの注意は「誰」に、あるいは「何」に集中的に向けられていただろう**──「自分自身」だろうか、それとも「自分以外の誰かに関わるもっと大きなこと」だろうか？

米海軍特殊部隊シールズの隊員で長らく特殊作戦チームを率いてきたロブ・ニューソン大佐が、この質問に興味深い洞察を示してくれた。

それは、シールズの適性訓練をやり遂げる人間と挫折する人間との違いについて、彼が語ったときのことだ。

シールズの候補生は、トレーニングエリアの脇に吊るされたベルを鳴らすだけで、いつでも好きなときに厳しい訓練をやめることができる。

「これは確信をもって言えることだが、訓練をやめる人間がギブアップのベルに向かって最初の一歩を踏み出すのは、任務やチームメイトのことを忘れ、**自分のことを第一に考えはじめた**

ときだ。任務やまわりの人間のことを第一に考えているかぎり、どんなことでもやり遂げられる。だが、自分のことだけを考えて、寒いだの、びしょ濡れだの、疲れただのといったことが頭から離れなくなると、もうそれはやめるかどうかの問題ではなく、『いつやめるか』の問題になる」

任務とまわりの人間のことを第一に考える――これが世界有数の厳しい訓練をやり遂げたいと望む人たちへのニューソン大佐からのアドバイスだ。彼の言葉の示すところは、外向き思考そのものだ。

アービンジャーのクライアントは、仕事上で関わる4方向の人々に対し、外向き思考で対応することがどれほど有効かを知っている。

その関係性を示したのが図11だ。

図11のように自分の仕事をとらえている人は、責任を果たすべき相手――顧客、直属の部下、同僚、上司や経営者――一人ひとりのニーズ、目的、課題を敏感に察知し、関心をもっている。図のなかで枠を越えて外側を向いている矢印は、その行動が相手のニーズ、目的、課題を考慮に入れたものであることを示している。

ニューソン大佐のアドバイスどおり、この人は外向き思考で「自分自身よりもはるかに大きなもの」に焦点を合わせている。つまり、**組織全体の目標達成に不可欠な貢献をすること**だ。

図11｜職場における外向き思考

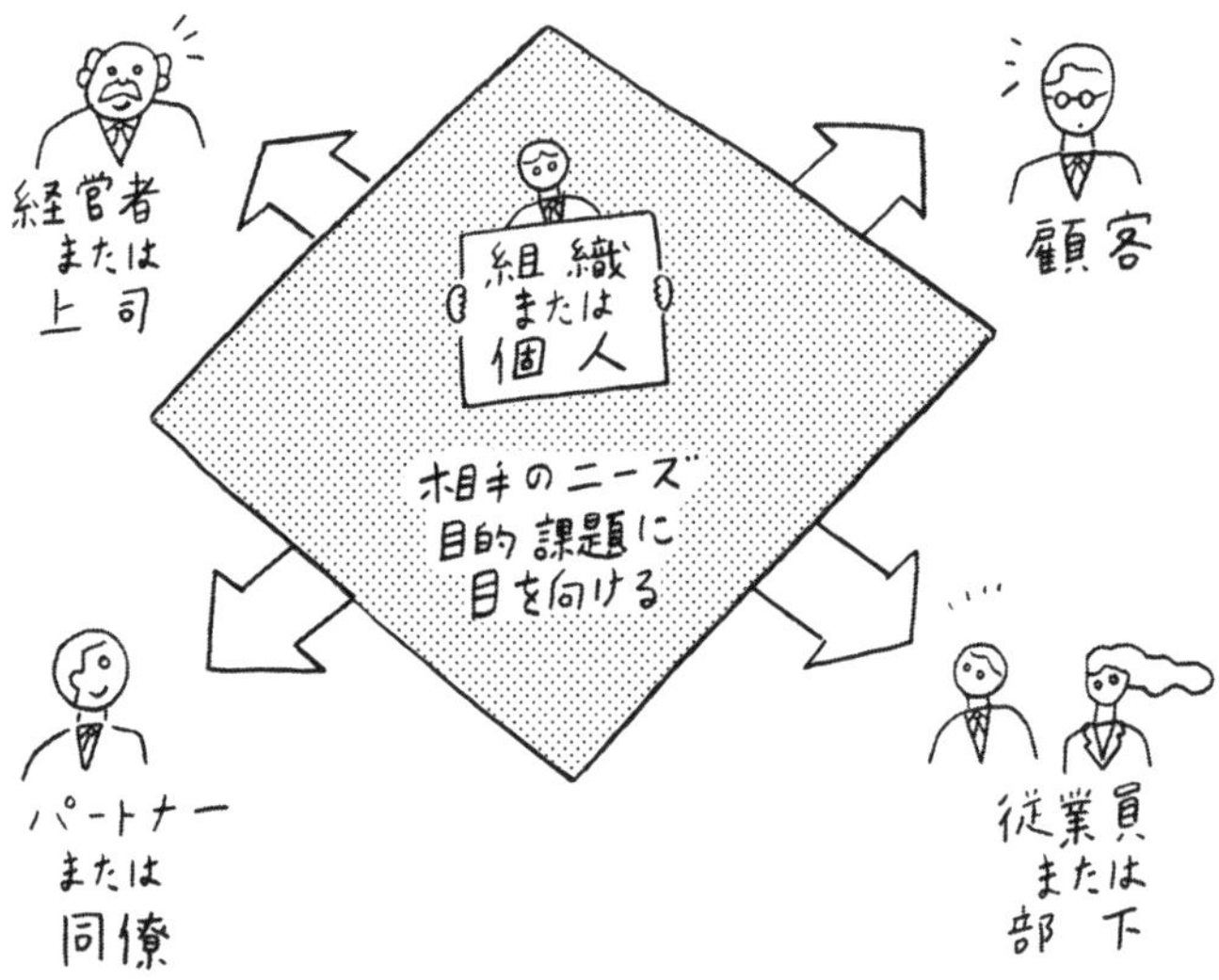

そして、自身の役割を考えれば、「まわりの人の仕事を助けるかたち」で自分の仕事をすることが必要となる。

外向き思考の「債権回収業者」とは？

外向き思考的アプローチの効力がいかに大きいかを、ある革新的な債権回収業者が成し遂げた成果を例に見ていこう。その業者とはオクラホマ州タルサに本社を置くＣＦＳ２という会社で、図11に示すようなやり方で会社全体の使命と戦略を打ち立てた。

ＣＦＳ２の創立者でありＣＥＯであるビル・バートマンは、かつて自分も債権回収業者から追い回されていた経

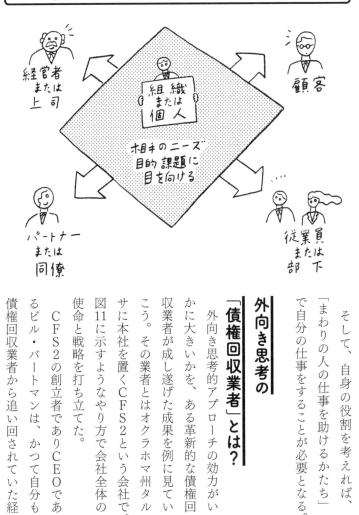

験から、既存の業者とは違ったやり方で――つまり外向き思考で――業務を行なう債権回収会社をつくりたいと思っていた。

ビルとその会社は、借金を負っている人々に誠意と敬意をもって対応することに重点を置いて活動している。

彼らは、客がこの会社に借金をするのは「ただ支払うだけのお金がないからだ」ということを忘れないようにしている。

債権回収の典型的なアプローチ――つまり内向き思考的アプローチ――とは、債務者を脅しつけて、取れるものはなんでも搾り取るというやり方だ。

これとは対照的に、外向き思考的アプローチでは、まず債務者のことをよく知り、**彼らが「何に困っているか」を考えることからはじめる。**

このアプローチによれば、債務者が直面している問題を敏感に察知し、それに関心をもつようになる。そして彼らの抱えている問題が解決できるよう手を差しのべることが使命となる。

このアプローチにより、ビル・バートマンと社員たちは債権の回収にあたって、債務者からなにがなんでも搾り取るのではなく、**彼らが返すお金をつくれるよう手助けする方法を考えはじめた。**

ビルは社員全員でブレインストーミングを行ない、現場でいろいろ試しながら、客の職探しを手助けする最善の方法を見つけだすよう指示した。

まず最初に、社員たちは顧客に何をすればよいかをアドバイスしたり、さまざまな提案を出してみたりした。だが、これはたいして役に立たないようだった。

彼らが会社として一丸となり、もっと顧客の役に立つ方法はないかと考えていたところ、社員の1人からこんな意見が出た。「債務者は自分であれこれ手間のかかることをやれないんだ。彼らは精神的にもまいっていて、積極的に立ち上がれるだけの余力が残っていないんだよ」

そこで、CFS2の社員たちは顧客のために履歴書を書きはじめた。顧客のために求人募集を探し、応募書類の記入を手伝ってやり、面接の予定を立てた。実際の面接にそなえて、模擬面接も実施した。さらに、面接の日になれば、時間に遅れないように、モーニングコールを入れることまではじめた。

そこから顧客の頭を悩ませているどんなことにも手を差しのべる活動がはじまった。

「ハーバード・ビジネス・レビュー」のインタビューのなかでビルは、今ではあらゆるタイプの支援——食料配給券《フードスタンプ》の受け取りから子どもの世話や家屋の修理まで——を依頼されていると語った。

CFS2はさまざまなサービスによって困窮している人々を支援している多くの組織を見いだしては、これらの組織を会社のチームに加え、彼らが顧客のニーズに応える手助けをしている。しかも、すべて無料で行なっている。

それどころか、ビルは社員に対して、**回収した債権の額ではなく、顧客に無料のサービスをどれだけ提供したかによって報酬を決めている。**

内向き思考で考えると、こうしたことのすべてがばかげたことのように思うだろう。けれども結果をみれば、彼らがいかに有効なことをしているかがわかるはずだ。

外向き思考とは、他者の仕事がうまくいくように手助けすること

この業界に入ってちょうど3年後、CFS2の債権回収率は、業界他社の2倍になった。顧客はCFS2に助けられたと感じている――なかには経済的な救済を受けた者すらいる。

CFS2の顧客は、以前は手元になかったお金を持てたために、CFS2に返済する資金ができたわけだ。CFS2は、顧客にとって借りたお金をきちんと支払いたいと思うパートナー、いや、友人と言ってもいいかもしれない存在なのだ。

CFS2のストーリーから、外向き思考的アプローチなら、顧客のために会社全体を動かすこともできることがわかる。

ただ商品やサービスを提供するのではなく、顧客のニーズに応えるために情熱をもって新しいことを採り入れ、顧客が目的を達成できるよう手助けすることができるのだ。

内向き思考の人々や組織は、自分たちの仕事がうまくいくように動く。**外向き思考の人々や組織は、他者の仕事がうまくいくように手助けする**のだ。

スポーツも、外向き思考のほうが勝てる

CFS2のケースは外向き思考的アプローチを外部の顧客のために活用した例だが、同じアプローチを組織内部——同僚、直属の部下、上司や経営者——のために応用することもできる。

NBAの強豪チーム、サンアントニオ・スパーズの例をみてみよう。

スパーズは、多くの人々が弱体化を予想してからも、長年NBAの主要チームであり続けた。主力メンバーの高齢化や多くの選手の年間契約額、浮き沈みの激しい挑戦者気取りの選手たちといった問題を抱えていたにもかかわらず、スパーズでプレイするということは、どんなことにも即座に適応できる外向き思考でいることを意味する。

チームのメンバーはそれぞれお互いの動きを敏感に察知し合っていて、まるでひとつの生き物のようだ。彼らのプレイを見れば、ボールが誰かの手にとどまっていることのないことに気づくだろう。彼らは、ボールが別の選手の手に移ったほうが有利であれば、そうする。コート上に、チームが有利になるより自分が得点することを優先するような、自己中心的な考えは存在しない。

スパーズが選手に求める資質とは何かと問われ、コーチのグレッグ・ポポヴィッチはこう答えている。「**求めているのは、自分自身を制する選手だ**」

フォックス・ビジネスのオンラインコラムが、このコメントを深く掘り下げ、スパーズの外向き思考の文化がいかにチームの競争力を高めたかを解説している。その記事によると、スパーズの成功には4つの要因がある。

1. 自分を制し、チームワークを大切にする人材を集め、さらにその特性を確立させる
——ポポヴィッチコーチはこれを「優れた人間関係《リレーションシップ・エクセレンス》」と呼んでいる。
2. 選手やスタッフを〝人〟として尊重する。
3. 選手やスタッフが自由に自分の意見を述べられる環境をつくる。
4. 優れた人間関係によって、優れたプレイが生まれる。

「われわれは鍛錬を重ねているが、それだけでは充分でない。仲間との関係性が重要なんだ」とポポヴィッチコーチは語る。「選手たちに仲間を気に掛けることの大切さを理解させなければいけない。そして選手たちは互いに仲間のことを気に掛け、関心をもたなければいけない」

このように仲間どうしが強く関わり合うことで、スパーズの選手たちは自分自身のスキルを

高め、常に最高のプレイをしなければいけないという強い義務を感じるようになる。

なぜそうなるのか？　チームメイトがそれを求めているからだ。

選手一人ひとりがチームメイトにベストプレイヤーになることを求めているのだ。外向き思考でプレイすると、選手たちは「チームメイトがよりよいプレイができるよう自分の能力も高めなければいけない」という責任感を覚える。

「土台となる優れた人間関係がなければ、優れたプレイも素晴らしい結果もすべては砂上の楼閣だということを、ポポヴィッチは理解している」と記事は続く。「彼がチームのなかで意図的に優れた人間関係を育てたからこそ、スパーズは優れたプレイを生みだし、素晴らしい成績を維持できるのだ」

人は自分自身のことよりはるかに大きなもの——つまり、メンバーそれぞれにベストを要求する組織内の、あるいは個人どうしの大義——のために力を尽くしていれば、個人が単独で成し得るものよりはるかに素晴らしい成果を達成できるということを、スパーズのコーチと選手たちは実証している。

スパーズという組織のすべてのメンバー、ゼネラルマネージャーからコーチ、選手にいたるまでが、お互いの成功を助け合っている。

多くのチーム——ほとんどのチームと言ってもいい——は自分自身の成功にしか関心のない

人たちで構成されている。

メンバー一人ひとりが自分の成功と同じくらい仲間の成功に関心を持たないかぎり、スパーズが成し得たレベルの成功を維持できるチームになれるわけがない。

ここまでのところで、内向き思考とその逆の外向き思考が、人間関係や組織のなかでどのように働くかがわかったはずだ。次は内向き思考から外向き思考に移行するための方法を見ていこう。

第3部

外向き思考へ一歩踏み出す

第8章 外向き思考パターン

第7章では、職場での外向き思考による自分の役割や責任についての考え方を紹介した。外向き思考による働き方の特徴は、自分が何らかの責任をもつべき相手のニーズ、目的、課題に焦点を合わせているということ。

外向き思考で仕事をしている人たちは、自分の行動が部下や顧客、あるいは同僚や上司の成果にも影響していることを理解し、その結果についても自分に責任があると考えている。

それゆえ、組織全体の成果についても責任があると考えている。

常に外向き思考で働く人たちを観察した結果、あるパターンが見つかった。

1. **相手のニーズ、目的、課題にしっかり目を向ける。**
2. **人の役に立つよう適切に努力する。**
3. **自分の仕事が相手に与えた結果を理解し、それについて責任を負う。**

図12 外向き思考パターン

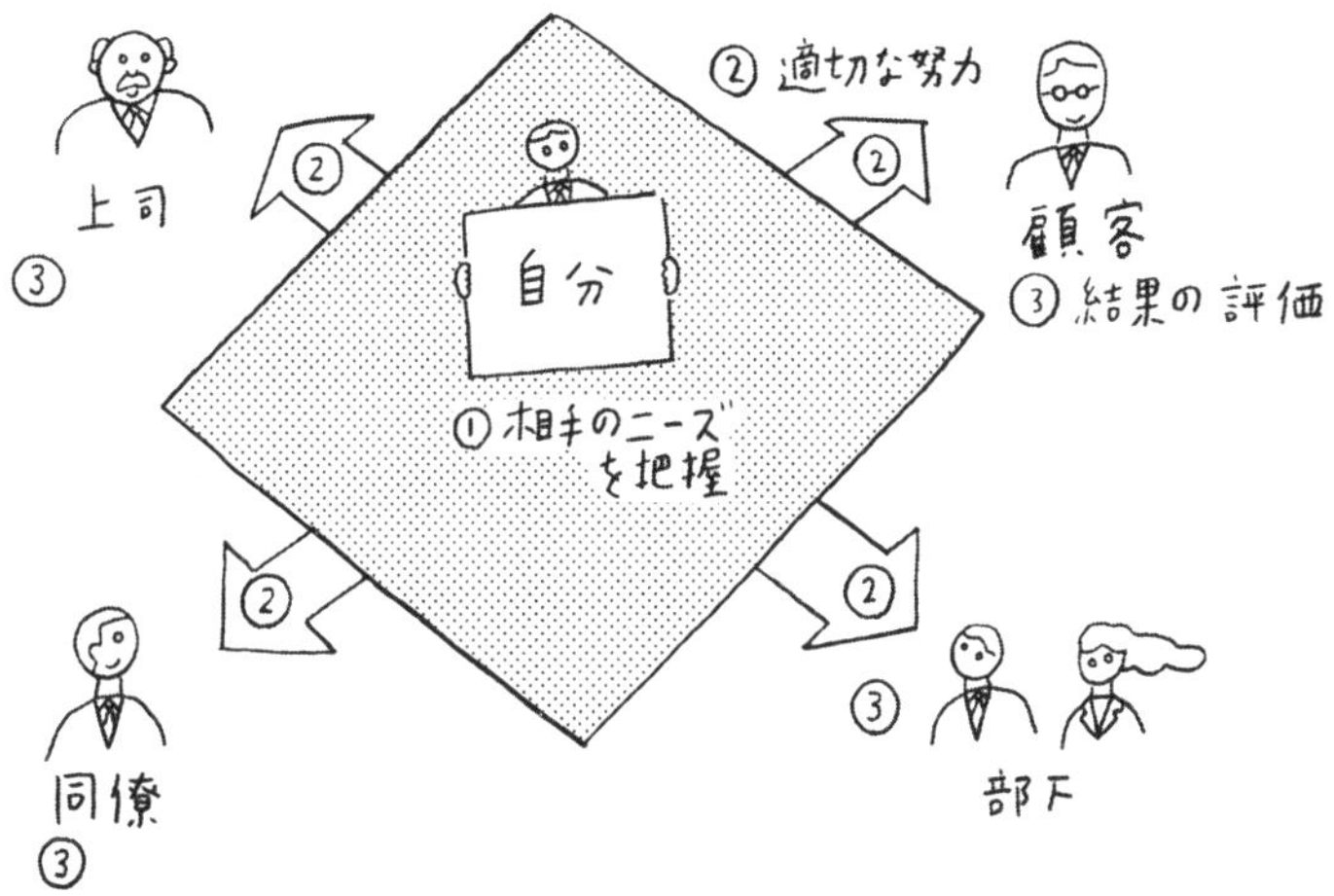

この3ステップが、外向き思考による仕事のしかたを身につけ、維持するための実践的なアプローチである。

この外向き思考パターンをわかりやすく示したのが図12だ。

外向き思考パターンの効力がいかに大きいかを、深刻な経営難からみごとに業績を回復したフォード・モーター社のケースを例にみていこう。

それはアラン・ムラーリーを新たなCEOとして迎え入れたことからはじまった。

赤字の会社で「いい報告」しか出てこないワケ

アラン・ムラーリーはボーイング社に37

年間勤めており、そこで商用ジェット旅客機部門の業績を回復させた立役者となった。

ムラーリーは控えめで敵をつくらないタイプでありながら、鋼《はがね》のような不屈の精神とチームづくりにおける天賦《てんぷ》の才をもった人物で、2006年9月に社長兼CEOとしてフォード社に迎えられた。

当時、フォード社は深刻な経営難に陥っていた。赤字は年間170億ドルにのぼり、彼は業績回復の切り札だった。

ムラーリーはじきに、会社が抱える問題に社内の誰ひとり責任を感じていないことに気がついた。

人は一般に「自分の会社に対する評価」よりも、「自分自身に対する評価」が甘くなると前にも述べたが、フォード社はまさしくそういう状況にあった。会社は百数十億ドルもの損失を出していたにもかかわらず、社内の誰もが自分は自分の責務をきちんと果たしていると信じ込んでいたのだ。

そこでムラーリーは、ボーイング社で大きな成果を出したマネジメント法を、フォード社にも導入することにした。その手法とは**週に2回ミーティングを開く**というものだ。

1回目のミーティングは毎週木曜日の午前中に開かれる。社内では、これを〝ビジネスプランレビュー（BPR）〟と呼ぶようになった。

役員たちはBPRからあまり時間をおかずに、ふたたび顔を合わせる。この2回目のミーティングは〝スペシャルアテンションレビュー（SAR）〟と呼ばれ、BRPで確認された問題の解決策を考えるために開かれる。

ムラーリーは経営幹部に、BPRに出席する際、それぞれの担当部門が社の業務計画に対してどの程度の実績を出しているか、チャートに記入してくるよう指示していた。

チャートは色分け方式になっていて、計画どおりに進んでいる業務は緑、計画とズレる危険性のある業務は黄色、計画どおりに進んでいない業務は赤、前週から変化があった業務は青で示すことになっている。

報告は、自分以外の誰かにさせることはできない。経営幹部の各メンバーはそれぞれの業務に責任があるからだ。

「私が会社全体の状況を知るにはこの方法しかない」とムラーリーは初回のミーティングで幹部に向けて言った。

「**私たちに必要なのは、全員を巻きこむことだ**。プランを共有し、そのうえで今どの段階にいるかを理解しておくことだ」

そう言って、ムラーリーは壁に貼り出したBPR10カ条を指し示した。

＊ピープル・ファースト
＊全員参加
＊説得力あるビジョン
＊明確な達成目標
＊ひとつのプラン
＊事実とデータ
＊プランの提案と実現方法を探す姿勢
＊互いを尊重し、相手の話を聞き、助け合い、評価し合う
＊立ち直る精神力……プロセスを信じる
＊仕事を楽しむ……みんなで進んでいく過程を楽しむ

幹部たちの大部分は、この週ごとの報告システムにあまり乗り気ではなかった。最初の週のミーティングでは、たいして役にも立たないミーティングの準備のために負担が大きすぎるとイラ立ち、出て行ってしまった者もいたぐらいだ。

翌週には、すべてのメンバーがきちんとチャートを準備してミーティングに臨んだものの、会社の損失は膨らんでいく一方でありながら、幹部たちが差し出すチャートはどれもこれも緑

一色だった。

会社の業績は悲惨なものであったにもかかわらず、どうしてすべてのチャートが緑で示されていたのだろうか？

幹部たちの心の内はこうだ。自分が会社の役に立っていないはずがないし、自分の地位は守らなくてはいけない。だから、誰も悪くない。

会社はたしかに業績不振だ、と幹部たちは内心認めていた。だが、私の働きが悪いわけではない。足を引っぱっているのはおそらくジェイソンか、ベスか、あるいはアッシュだろう。私じゃない。少なくとも私は彼らより高い成果をあげている。私がいなければ、状況はもっと深刻化しているだろう。

ムラーリーは緑一色のチャートを前に「弱ったな」と思ったものの、驚いてはいなかった。彼はこの会社に来たばかりで、幹部の面々は彼のことをまだよく知らない。そのことはよくわかっていた。

だが、会社の存続のためには、こんなことを長く続けてはいられないこともわかっていた。まずは**幹部の面々に、たとえ実情を提示しても自分の立場が悪くなるわけではないとわかってもらわなければいけない。**

そのためにも、彼は日々の仕事を変わりなく続けた。

だが、それから2週間にわたって、チャートは緑一色のままだった。

3週目のミーティングの途中で、ムラーリーはもう充分だと思った。

「この会社は今年百数十億ドルの損失を出そうとしてる」

メンバーの報告を遮って、彼は問いかけた。

「何かうまくいっていないことはないのかね？」

幹部たちは落ち着かないようすで会議机の上を見つめていたが、誰も口を開こうとはしなかった。

ミスを報告するときのジレンマ

翌週は、新たに発売するフォード・エッジという新型車が輸送されることになっていた。が、カナダのオンタリオ州オークビルから船積みされる直前に、テストドライバーがテスト車両の1台に問題があったと報告してきた。

問題が起きているのは後部の荷台の扉《テールゲート》のドアロック部品だ。これについて判断を下すのはマーク・フィールズだった。

フィールズは当時、フォードの北米および中南米における事業を担当していた。

フォード社がもし社内の人材から新CEOを出していたなら、ムラーリーではなくおそらく彼が新CEOになっていただろう。

そのため、フィールズはフォードに役員としていられる時間ももう長くはないだろうと思っていた。彼はそれを念頭に置きながら、選択できる道を検討した。

テールゲートの問題は、たまたま例外的な不良品が見つかっただけだと判明するかもしれない、そう彼は考えた。きっとこのまま出荷しても、すべてはうまくいくはずだ。

だが逆に、複数の車両に問題が起きているなら、とんでもないトラブルを引き起こすことになる。フォードが生みだす製品はすべてファースト・イン・クラス（そのクラスのナンバー1）であるべき、それがムラーリーの要求だ。

輝かしいニューモデルであるフォード・エッジのテールゲートに欠陥があったとなれば、要求に反したものを世に出すことになる。

新しくやってきたボスのことはまだよく知らないが、そんな危険を冒すことはできないことくらい、フィールズにもわかっていた。だとすれば、やはり発売は延期だろう。彼の心は決まった。

まだ、さらに難しい決断が残っていた。

その件について、木曜日のBPRで報告すべきだろうか？

またもや、フィールズは取り得る選択肢を秤に掛けてみた。

この問題を誰にも知られずに解決して出荷できるだろうか。できなかった場合にはどうなるだろうか。

考えた結果、やはりムラーリーや他の幹部たちに事実を明かすべきだという気になった。しかし、この手の透明化、つまり事実をあからさまにすることは、当時のフォードではけっして安全なことではなかった。事実を明かし、担当事業において直面している難題をさらせば、たいていの場合、職を失うことになる。

当時のフォードのような**攻撃型のプロ集団は、他人のミスにはここぞとばかりに食いついてくる。**

フィールズはもはや生きた心地がしなかった。もしこのまま出荷して、欠陥車であることが判明すれば、彼の息の根は止まる。だが、ミーティングに出て、最後の誇りを胸に問題を報告しても、同じ運命が待ち受けている。

フィールズは熟考を重ねたすえ、どのみち自分は死に体なのだから、ありのままをさらけだそうと決心した。

チャートに記入する。そう、赤で。

どん底から復活した奇跡のミーティング

4週目のミーティングに、フィールズは幹部で唯一緑で記入されていないチャートを持って乗り込んだ。

彼の順番がきたとき、フィールズはつとめて平然としていた。

フォード・エッジに関するチャートを出し、彼はこう言った。

「エッジについては、ご覧のとおり、状況は赤です」

誰もが沈黙していた。

マーク・フィールズが予想していたのと同じことを、その場にいた誰もが思った。彼の運命は決まったも同然だ、と。

ただひとり例外がいた。そして、そのひとりが拍手をしはじめた。

「マーク」と呼びかけ、拍手をしながらほほえみかけたのはムラーリーだった。

「君の状況を見る力はすばらしい」

彼は残りのメンバーのほうを向いて、こう問いかけた。

「この件について、マークの助けになれる者はいるかな？」

これが、外向き思考のレッスン開始の合図となった。

ムラーリーの問いかけに誘われるように、フィールズの同僚の何人かが勢いよく提案を持ちだした。

ある者は、過去に同じような問題を起こした別の車種を知っているので、すぐに情報を提供すると言ってくれた。

またある者は、急いで最高のエンジニアたちをオークビルに集め、必要ならば設計変更の手助けをさせると申し出てくれた。

ほかにも同様の申し出がいくつも出てきた。

面白いことに、翌週のBPRでもフィールズはただひとり緑以外のチャートを持ち込んでいたが、まだこの時点でフィールズのために一肌脱ぐと言いだす者も、彼に率直な意見を与える者もいなかった。なぜなら、前回のミーティングのあと、フィールズは解任されたにちがいないと誰もが考えていたからだ。

翌週、フィールズが未だ赤ではあるものの、黄色に移行しつつあるチャートをもってミーティングに現われ、ムラーリーがそれを笑顔で迎えたとき、残りのメンバーはムラーリーが本気なのだと気づきはじめた。

「**君自身は赤じゃないよ**」

ムラーリーはきっぱりと言った。

「君が取り組んでいる問題が赤なだけだ」

ムラーリーはメンバーに対し、それぞれが取り組んでいる難題について、何かしら前進させられることがあるなら、互いに助け合うよう求めた。

その次の週には、ミーティングに出されたチャートは赤が多数を占め、ミーティングはさながら事件現場のような様相を見せた。

幹部たちはこうして定期的に自分たちの状況について報告し合い、同僚が直面している難題を知るようになった。

「この件について、助けになれる者はいるかな?」

これが、赤や黄色のチャートが出された際のお決まりの問いかけになっていた。

メンバーは、個々にも、そしてグループとしても自分たちの状況を明確にし、また仲間がこれからすべきことを明確にできるよう手助けしていた。

それぞれが自分の仕事だけでなく、仲間や関係者に対して与えた影響についても追跡した。

この後のストーリーはみなさんもご存じだろう。

会社全体にこうした協力体制を築き、他人を助けながらも自己の責任を果たすといったアプローチを浸透させた結果、フォードは深刻な経営難から抜けだし、2007年から2008年にかけての世界的金融危機の際にも、アメリカの自動車企業のなかで唯一国の助成金を受けずに切り抜けた。

アラン・ムラーリーは2014年の夏にフォードのCEOを辞任し、グーグルの役員に就任した。そして、マーク・フィールズが彼の後を引き継いだ。

業績回復の3つのステップ

深刻な経営難からみごとに業績を回復させたフォードの例を、この章のはじめに図で示した外向き思考パターンの3つの要素から考えてみよう。

まず第1のステップ「**相手（あるいは組織全体）のニーズ・目的・課題に目を向ける**」について見てみよう。

BPRのプロセスによって、ムラーリーのチームメンバーは、「チームに対する自身の貢献」と「仲間のニーズ・目的・課題」の両方がしっかり見えるようになった。外向き思考によるプロセスに参加するかどうかは、一人ひとりの意志にかかっている。そのため、フォードではしばらく時間が必要だった。

もしもムラーリー自身がこの外向き思考によるBPRプロセスを進めていなければ、ここでお話しするようなメリットは生まれていなかっただろう。

けれども、ムラーリーが外向きのマインドセットをもち、チームのメンバーに働きかけ、B

PRミーティングをはじめたおかげで、フォードのチームは仲間との関係に照らして「自分の役割が何であるか」に目を向けるチャンスを手にした。

外向き思考パターンの第2のステップは、「**相手の役に立つよう適した努力をする**」ということだ。

第1のステップがうまくいけば、第2のステップも自然と身についてくる。幹部のメンバーが仲間の直面する問題を理解したところで、ムラーリーはメンバーを次のステップである「仲間を手助けする行動」へ導いた。

「この件について、マークの助けになれる者はいるかな?」というのはただの質問ではない。これは、**自分の責任を果たすだけでなく、仲間が責任を全うできるよう手助けするのも仕事である**という、幹部に対するムラーリーの声明だったのだ。

最後に、チームのメンバーは毎週集まる場を設け、自分たちの協力は仲間の助けになったかどうかを確認していた。これが外向き思考パターンの第3のステップ、「**相手に与えた影響を評価する**」ということだ。

ムラーリーが運営するプロセスでは、少なくとも週に一度、幹部のメンバーが自分たちの努力の方向性を調整した結果、本当に仲間の役に立ったかどうかを評価する機会を設けていた。毎週、メンバーは仲間同士や会社全体の成果に及ぼした影響を見て、必要ならばさらなる調整ができるようにしていた。

フォードの業績回復の決め手は、幹部たちが外向き思考パターンの個々のステップ――まわりの人の状況に目を向ける、相手の役に立つよう適した努力をする、相手に与えた影響を評価する――に従事したことにあった。

次の第9章では、この外向き思考パターンの3つの要素をより掘り下げて見てみよう。

第9章 外向き思考パターンの3つのステップ

第8章で、外向き思考パターン――まわりの人の状況に目を向ける、相手の役に立つよう適した努力をする、相手に与えた影響を評価する――とはどんなものであるかを紹介した。

この章では、外向き思考パターンの3つの要素が、実際にどんな形で個人や組織によって実践されているか、その成功例を見ながら、上手な活用のしかたを探っていこう。

第1のステップ・まわりの人の状況に目を向ける

数年前、アービンジャーは大手電力会社からの依頼で、翌年の予算計画に割かれる時間を大幅に短縮することで、時間と経費を節約する方法を一緒に探っていた。

私たちはおよそ30分かけて、予算編成のプロセスをいくつかのパートに分けた。

その部屋に集まった40人ほどのリーダーがそれぞれ担当するパートごとに予算立案チーム、技術担当チームといった具合にチームをつくり、それぞれホワイトボードに向かって外向き思

図13｜外向き思考のプロジェクト

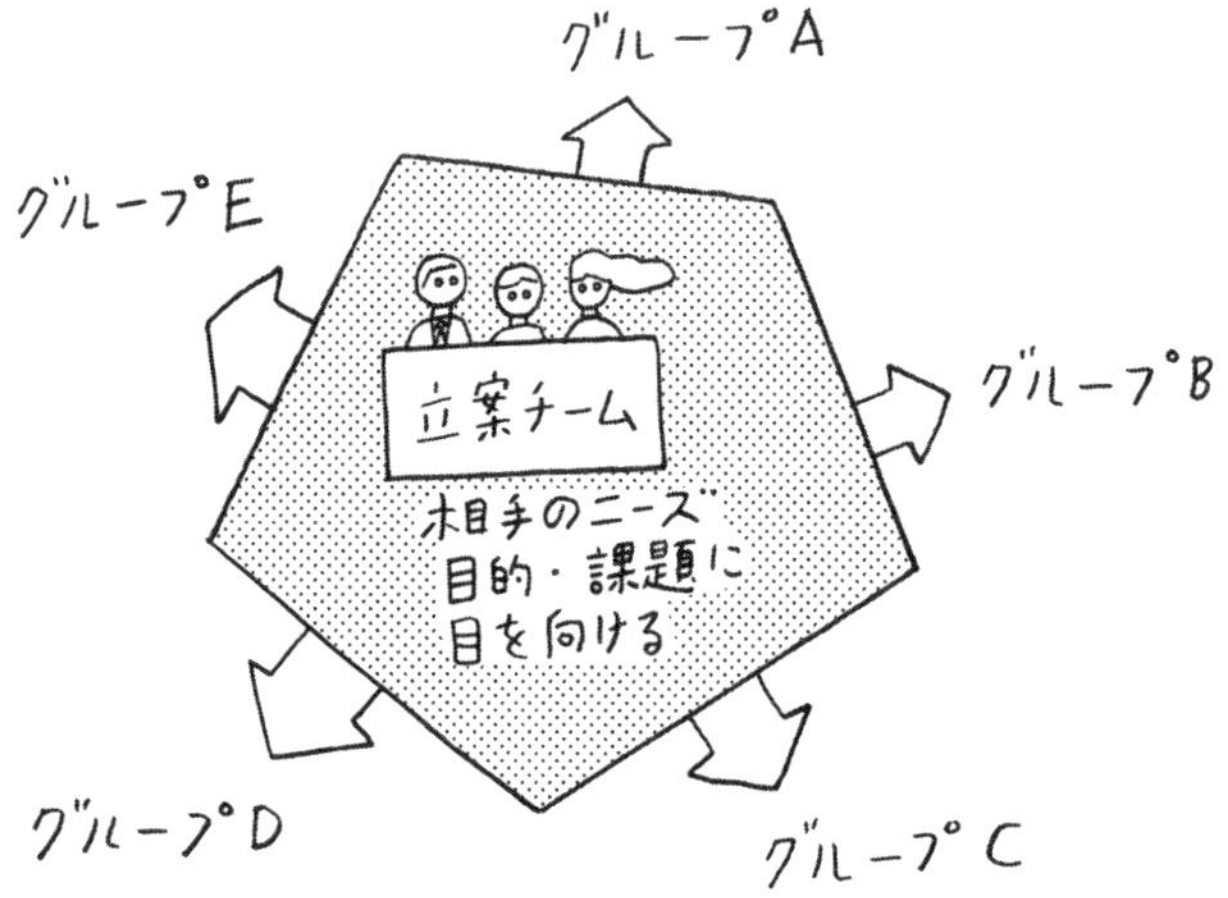

考ダイアグラム（図）を構築していった。

自分のチームが担当するパートをまず中央に記入する。

その周囲に、彼らの仕事が影響を与える人やグループの名前を書き出す。

それから、それらに対応するように外向きの矢印を描き、横に彼らのニーズ・目的・課題を書き出す。

数分後、壁は図13のようなダイアグラムで埋められた。

各グループのメンバー全員が部屋中を歩きまわり、自分の名前や誰かの名前を付け加えるべきダイアグラムはないか、追加すべき重要なニーズ・目的・課題がないかを確認した。

メンバーの誰が、どのチームのダイアグラムを修正するのも自由だった。

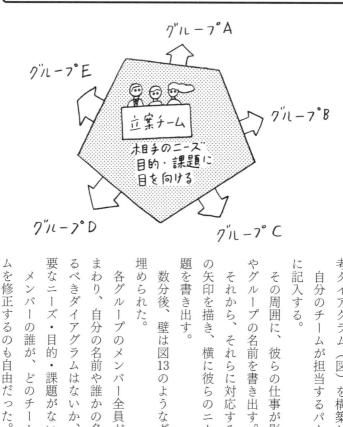

それぞれとの関係に照らして自分自身を正しく見つめることで、リーダーたちはようやく以前よりもずっと明確に周囲の人々を見はじめるようになった。**必要なのは、ただ自分たち以外の人にも目を向けること。**

私たちは各チームに順番に前に出てもらい、残りのメンバーに質問をさせて、できるかぎりそれぞれのチームのニーズ・目的・課題を共有する機会をつくった。

客観的な視点をもつことで効率化はいくらでもできる

最初に前に出たのは立案チームだ。すべては予算の立案によってはじまる。

まずは対象地域の「ニーズ」と「発電量の見込み」に目を向け、翌年に起ちあげるべきプロジェクトを決定する。このプロセスに4カ月かかる。

これまでの例では、立案チームが次の段階を担当する技術チームにプランを引き渡すのが5月だった。

すると今度は、技術チームが2カ月半かけてプロジェクトを設計し、3番目を担当するチームに引き渡す。

立案チームのニーズ・目的を理解しようと他のメンバーが質問をはじめると、面白いことが起こった。

逆に質問されている立案チームが、質問をしてくる人たちのニーズ・目的に関心を持ちはじめたのだ。

質疑応答ではじまったやりとりは、いつのまにか会話へと発展し、会話が進むなかで驚くべきことがわかった。

立案チームは1月半ばには、プロジェクトの80から90パーセントを既にまとめていたのだ。あとの3カ月半は残りの10から20パーセントに費やされていた。

立案チームがその事実を認識したとき、ふいに予算編成スケジュールを3カ月縮小できる明白な方法に気がついた。

すべてのプロジェクトが出そろうまで、待っている必要はないのだ。既に決まっているプロジェクトは次のチームへ渡せばいい。

それはすぐさま実行に移された。

最終案に入るプロジェクトが決まった時点で、すぐにそれぞれのプロジェクトが次のチームに回されるようになった。

つまり、技術チームは自分たちのパートを5月ではなく1月半ばからスタートできるようになったのだ。この改正は大きな変化をもたらした。

どうしてこうした改正がこれまでできなかったのだろう？　当然できたはずだ。彼らは非常に有能なメンバーなのだから。

だが、こんなに単純な解決策に気づかせてくれるフレームワークがなかったために、きわめて有効な解決策がいくつも眠ったままになっていたのだ。

たとえて言うなら、組織のあちこちに「利用可能なブルートゥース」がいくらでもあるのに、そのほとんどがオンになっていなかったのだ。

こうしたデバイスを目に付くところに置いてやれば、みんなが話しはじめ、どうすればもっとよくなるかを考えるようになる。

まわりの人の状況に目を向けるチャンスさえ設ければ、このデバイス（解決策）を目に付くところに引っ張り出すことができるのだ。

これは第8章で紹介した、アラン・ムラーリーがフォード社で導入したBPRプロセスの重要なメリットのひとつである。週1回のミーティングが、フォード社の幹部が互いの状況を知るチャンスとなったのだ。

相手に興味をもつという魔法

ジャーナリストのブレンダ・ウェランドは、「聞く」ことの重要性に言及したエッセー『Tell Me More: On the Fine Art of Listening（もっと聞かせて――人を惹きつける聞くという技術）』のなかで、「聞く」ことを通して〝他者を理解する〟効果について、興味深い見識を披露している。

「〝聞く〟というのは、人を惹きつける不思議で創造的な力」だと彼女は書いている。「私たちは、自分の言葉に心から耳を傾けてくれる友人のことを思うと、まるで心地いい太陽の光が当たる場所のように近くに寄っていきたくなるものではないでしょうか。なぜなら、自分の言葉に耳を傾けてくれる誰かによって、私たちは居場所を得て、自由に成長するからです。アイデアが自分のなかで大きくなり、命が吹き込まれるのです」

ウェランドはまた、従来の接し方と、相手に関心をもつことを学んだ後での接し方とのあいだで、他者との関係性がいかに変化するかについても言及している。

これは、ふだんの社会生活における人との関わりに限らず、ビジネス上の営業シーンやミーティングの場においても同様であると彼女は言う。

「かつて……パーティに行くと、私は不安になって、こんなことばかり考えていた。『さあ、がんばるのよ。陽気に振る舞うの。明るい話題を探して、どんどん話しかけるの。ひるんじゃだめ』。そして、がんばってはみるものの、たいていその状態を保つためにコーヒーばかり飲むはめになる。でも今はね、パーティに出かける前に、こう自分に言い聞かせるの。話しかけてくれた人の言葉に心から耳を傾けよう。自分の気持ちを押しつけたり、反論したり、話題を変えたりしないで、相手のことを知ろうと努めるのよ。そう、私の態度は『**もっとあなたの話を聞かせて**』」

ロブ・ディロンもまた、ウェランドと同じ変化を経験した。

ロブは、ペンシルベニアや東海岸の近隣の州で生花の卸売り業を営む、ディロン・フローラルを経営する一族の4代目である。

市場は今非常に厳しい状況にある。生花も扱うスーパーマーケットが増えたことで、昔からの顧客である地元の小さな花屋の数が着実に減少してきたのだ。

市場の縮小をなんとか食い止めようと、ディロン・フローラルは小売店へ直接営業する戦略をとることにした。

だが、ロブはこの直接営業が嫌でならなかった。顧客がみな苦しんでいるのは知っていたし、そんな店に入っていって、「うちの商品を買ってくれ」と説得するのが嫌だったのだ。

その結果、ロブは年々訪問する数を減らしていった——ウェランドが書いていた〝まわりの人の状況に目を向ける〟ことの効力を知るまでは。

ロブが顧客を訪問するのを嫌がっていた理由は、**相手のことを考えず、自己中心的な営業を行なっていた**からだ。

彼は「訪問先の店に自社の商品を買わせること」が自分の仕事だと思っていた。

相手に興味をもち、心を開くことの重要性に気づく前のウェランドと同じやり方で顧客と関わっていたのだ。

ロブは「営業マン」になりきり、「相手に好印象を与え、商品を売る」ということにプレッシャーを感じていた。

「かつての私は、顧客にセールスするために出かけていたようなものでした。ずっと不安でした。けれども、売り込もうとするのではなく、ただ相手を理解しようという気になってから、すべてが変わったんです」と彼は話す。

現在、ロブが客先を訪問する際、考えているのはただひとつ。

「私にどんな手助けができるだろうか？」

相手の役に立つという営業

顧客のもとを訪れるのは、相手に好印象を与えるためでも、営業マンとして役割を果たすためでもない。自分が相手のために何ができるかを知りたい。それだけを考え、相手の状況に目を向ける——相手のニーズ・目的・課題を理解しようとする——ところからはじめる。

関心をもつ対象が自分から相手へと変わったことで、ロブは今では週に1日か2日は客先を訪問するようになった。客先訪問がじつは大好きだったことに気づいて、彼自身が驚いている。

しかも、結果的にディロン・フローラルからの購入をやめていた顧客が戻ってきたし、よそとの契約を検討していた多くの顧客がディロン・フローラルとの新たな契約を考えるようになっていた。

ロブはこの変化をこんなふうに語っている。

「外向き思考を知って以来、私は顧客が望んでいることを叶えるために出かけるようになり、彼らのニーズ・目的・課題において自分にできることがわかるようになったのです。私はうまく切り盛りしている花屋よりも、むしろ困っている花屋を回りたい。そして、どうすればもっとみなさんの役に立てるのかを知りたいのです。そして、彼らの話に耳を傾けます。**相手を人として見ていれば、たとえ相手が何を言ってこようと、容易に共感できます**。不安を感じることなど何もありません。私はただ、彼らの手助けをするために訪問しているのですから」

この言葉はとても意味深い。

外向き思考になったとたん、ロブは相手の状況に目を向けようという気持ちになり、自然ともっと相手の役に立つような方法を見つけたくなった——つまり、外向き思考パターンの第2のステップ〈相手の役に立つよう適した努力をする〉に入っていこうとしていたのだ。

第2のステップ・相手の役に立つよう適した努力をする

私たちの昔からの同僚であるテリー・オルソンが、こんな経験談を話してくれた。

それは彼が公立学校の教師向けに開催しているワークショップではじまった。

このワークショップは、重度の行動障害をもつ小学生の子ども向けの教育施設の一室で開催されていて、その学校の一部の教師たちが、部屋の後方で傍聴していた。

やがて、後方で聞いていた教師の1人が、どんどん手に負えなくなる少年の扱い方について質問をした。

実際、彼らはこの少年の躾《しつけ》のために「おしおき部屋（言うことをきかない子どもを隔離するために使う、鍵を掛けた小部屋）」を頻繁に使っていたが、少年の態度はますます悪化する一方だった。「おしおき部屋」から出てきた後しばらくはおとなしくしているのだが、その後はそれ以前よりもずっと聞き分けが悪くなる。

その前の週、少年が突拍子もない行動を起こした。それは、自動販売機の業者が台車を運び入れるため学校のドアを開けっ放しにして、そのまま販売機にソーダを搬入しているときに起こった。

駄々っ子のトビー少年は、教室を飛び出し（それ自体はしょっちゅう起こることだ）、業者が作業しているあいだ、休憩スペースに隠れていた。そしてタイミングを見計らって校庭に飛び出し、服を全部脱いで校庭中を走り回った。その後、裸のトビー少年を、20人もの教師たちがパニック状態で追いかけるはめになったのだ。

「みなさんなら、こういう生徒にどう対応しますか?」とその教師が問いかけた。

テリーは質問者に向かってこう答えた。「この問題をいっぺんに片づける魔法の解決策はありませんが、おしおき部屋に入れられた後、その少年がますます手が付けられなくなるというのなら、おそらく彼はそのおしおきで反省するよりむしろ、〝物〟のように扱われたことに反発しているのでしょう」

テリーはさらに説明した。「〝物〟はあなたが望んだとおりになります。あなたは布巾をシンクに投げ込むことも、競技場でサッカーボールを蹴ることも、服をランドリーバッグに押し込むこともできるでしょう。でも、〝人〟は、投げたり、蹴ったり、押し込もうとしたら、ときに抵抗することがあります。トビーは『自分は〝物〟じゃない』と訴えたいのかもしれません」

テリーは、もし躾のためにやっていることに効果がないなら、別のアプローチを考えてはどうかと教師たちに提案した。教室を飛び出したトビーを追いかけて、おしおき部屋に押し込む以外に、何かうまくいきそうな新しい方法を想像してみようと。

「こんな質問を自分自身に問いかけてみてはどうでしょう。この少年の立場に立って自分の心を重ねてみたら、いったいどうしたいと思うだろう？」

テリーは次回はそれぞれがこの質問によって考えたことを試してみるよう促した。

2週間後、テリーはワークショップを開くために、またこの施設を訪れた。

彼が、トビー少年に関して、何か進展があっただろうかと気になっていたところ、教師たちは報告したくてうずうずしているようすだった。

そして、1人の女性教師がこんな体験を話してくれた。

人のニーズは千差万別

私たちがトビーの問題で話し合った2日後、彼はまた部屋を飛び出していきました。

でも、今度はすぐさま助手に追いかけさせたりはせず、私はそのまま授業を続けていました。

数分後、助手に授業を替わってもらい、私自身がトビーを探しに行きました。

トビーは講堂にいました。毛布をかぶって隠れていたのです。彼は隠れるのがあまりうまいとは言えませんでした――片脚が毛布から飛び出ていたのです。

私は自分に問いかけました。「この少年に私の心を重ねてみたら、何がしたくなるだろう？」

すぐさま、子どもの頃かくれんぼをして遊んだときのことが頭に浮かびました。

とっさに、私は床にひざまずき、トビーの毛布に潜り込みました。トビーはぎょっとしていました。

「ねえ、先生は今、あなたと一緒にかくれんぼをしていられないの。授業があるから。でも、もし休憩時間になってもまだかくれんぼをしたかったら、先生が探しに来るわ」

休憩時間になって、私はもう一度講堂に行ってみました。

トビーはその場を動いていないようでした。

私は毛布を引きはがし、「見つけた！」と声をあげました。

それから今度は最初から先生が鬼になるわと言って、毛布を頭からかぶりました。「25まで数えるわよ」

私が10数えるまで、トビーはそこに突っ立っていました。それから少しためらうように、講堂から走って出て行きました。

私はトビーを探しに出ました。彼は教室に置いてある縦長の掃除用具入れのなかに身体を押し込めていました。

私はもう一度数を数えはじめました。3度目にトビーを見つけたとき、ちょうど始業のベルが鳴りました。私は、もう授業に行かなければいけないと告げました。

20分後、トビーはこそこそと教室に入ってきたかと思うと、するりと椅子に腰かけました。

彼の問題行動が完全になくなったとは言えませんが、私は変わりました。

トビーが問題行動をとると、あなたが教えてくれた質問が私の頭のなかでこだまするのです。「自分の心を彼に重ねてみたら……?」

あるときは、手を止めて彼に質問をしてみます。

ときには、ほかの子を手伝ってあげてと、頼んでみることもあります。

またときには、助けが必要なの、と話してみることもあります。「それはできないよ」と説明し、先へ進めることもあります。

トビーは落ち着いてきています。

日々何かが起こりますが、私は彼との接し方を変えることができました。まだ暴れることもありますが、それでもトビーは変わってきたと、私には思えます。

この教師が見つけだしたのは、外向き思考の人なら、みな気づいていることだ。

本当に誰かの役に立つということは、ひとつの公式に当てはめられるものではない。

つまり、ある特定の行動があるわけではない。

むしろ、自分以外の誰かのニーズ・目的・課題・人間性に目を向けることで、その状況において最も効果的な形になるよう自分で調整して力を注ぐべきものだ。

相手を人として見ていれば、人間味のある有効な方法が見つかる。**周囲のニーズに応えて、**

自然と自分の行動を調整できる。

これらが、外向き思考パターンの第3のステップ――相手に与えた影響を評価する――へとつながっていく。

第3のステップ・相手に与えた影響を評価する

外向き思考パターンを実践している人にとって、相手に与えた影響を評価するとはどういうことだろう？　そのためにはどうすればよいのだろうか？　これから紹介するいくつかのストーリーについて考えていこう。

弁護士のチャールズ・ジャクソンは、中規模の法律事務所に勤めて3年目で、私たちが主催するリーダーシップコースに参加していた。

彼は事務所のパートナー弁護士が連れてきたクライアントの案件に、自分の時間の90パーセントほどを費やしている。自分自身のクライアントの案件に割けるのは、残りの10パーセントの時間だ。

外向き思考で取り組んだ仕事の話題になると、チャールズは彼が自分で引き受けた2人のクライアントのことをいやでも思い出してしまう。2人とも、チャールズの仕事に満足していなかったからだ。

だがそのときまで、チャールズはそのことをそれほど気にしてはいなかった。「誰の仕事にだって、すべてのクライアントが満足してくれるわけじゃない」と、彼は自分を納得させていた。「その件については、誰だって他にやりようがなかった。それに、たとえクライアントが多少満足していない点があったとしても、私はやるべきことはやったんだ」

彼が参加したワークショップで、私たちはこんな話をした。

「外向き思考で働く」ということは、**自分がしたことだけでなく、それが相手にどんな影響を与えたかという「結果」にも責任をもつ必要がある。**

これについて考えはじめたとたん、チャールズには2人のクライアントの置かれた状況がこれまでとは少し違って見えてきた。

クライアントのうち1人は、「かかった時間」に対して不満をもっていた。それまでチャールズは、この不服を軽く退けてきた。

しかし、今になって考え直してみると、このクライアントは当然のことを言っていた。チャールズはこのケースをパートナーの案件にくらべて優先順位を低く考えて後まわしにしてクライアントを困らせていたにもかかわらず、そのことに謝罪も言及もしなかった。

2人目のクライアントは、チャールズが送った「請求書」に驚いていた。チャールズは請求額について話をするのが大嫌いで、このクライントとその話をするのは徹底的に避けていた。

そのためクライアントは、今回の金額について、請求書を見て初めて知ったのだ。

2件のクライアントに及ぼした影響についてじっくり考えてみたとき、チャールズは受け取った額を両者に返却するべきだと感じた。そして、それを実行した。

1人のクライアントは違う州に住んでいたため謝罪の手紙を書き、小切手を同封した。もう1人のクライアントは同じ街に住んでいたので、直接訪ねていって謝罪をし、小切手を手渡した。

弁護士がクライアントから支払われた費用を自分からすすんで返却するなんて、想像したことがあるだろうか?

その年の5月に費用を返却したチャールズは、その後も彼らと定期的に連絡をとることで、自分がクライアントに及ぼした影響を追跡調査しはじめ、自分の仕事が相手の期待に応えているか、あるいは期待以上の結果をもたらしているかを確かめた。そして、面白いことが起こった。

この**クライアントたちが自分の友人や知人に「正直で誠実な弁護士」のことを教えるようになった**のだ。

7月には、チャールズのもとに新たなクライアントの案件が1週間に7件も舞い込むようになっていた。

11月にはさらに件数が増え、週に13件の依頼を受けるようになり、チャールズには彼自身の案件にほぼ1日中従事してくれる3人の同僚が付くようになった。

そして翌年の3月には、勤めていた事務所を辞めて、自分の法律事務所を開いた。

こうなったのはすべて、チャールズがクライアントに及ぼした影響を常に追跡調査し、それに**責任をもつ努力を怠らなかった**からにほかならない。

彼は定期的に行なっていたクライアントとの連絡を「自己責任チェック」と呼んでいた。

自分の仕事がもたらした影響を評価するこのアプローチに必要なのは、**自分の努力が相手の役に立っているかどうかを、ただ定期的に話し合って確認するだけでいいのだ。**

「本当の望み」は満たされているか？

これとは別に、自分たちの仕事の結果、相手の希望が叶えられているかどうかの指標自体を探すという方法もある。この評価指標をうまく見出したのが、ホープ・アライジングというNPOだ。

ホープ・アライジングは、エチオピアの農村地域で、孤児や危険な状況におかれている子どもたちの援助活動に従事している。

こうした子どもたちが生活している干ばつ地域における「きれいな水」という切迫したニー

ズになんとかして応えようと、NPOのチームはこれまで以上にきれいな水を供給できる技量の向上をめざし、精力的に働いていた。

当然ながら、彼らは自分たちの仕事をきれいな水を何ガロン供給できたかによって、評価していた。

そんな彼らが外向き思考というものを知ったとき、これまで自分たちは現地のニーズを見つけ、そのニーズに応えるべく適切に努力してきたものの、自分たちの活動がもたらした「影響」を評価する方法をまったく考えていなかったことに気がついた。そこで、彼らは実際にどうすればきちんと影響について判断できるかを考えはじめた。

彼らは、**「現場で実際に起こっていること」を知る必要がある**と気がついた。

チームメンバーの1人がこう問いかけた。「どんな評価指標があれば、たんなる成果（きれいな水の供給量）ではなく、活動の影響を知ることができるのだろう？　地元の人たちが本当に求めていることとは何なのだろうか？」

別のメンバーがそれに応えて言った。「きれいな水があることで、結果的に彼らは何を望んでいるんだろう？　その答えが見つかったら、何を評価すべきかがわかるんじゃないかな」

こうした考えを念頭に置きながら、チームは地域中の村人たちと話しはじめた。

村人の住まいを訪ねていくと、どこへ行っても同じ話を聞いた。

「きれいな水が欲しいのは、子どもたちを学校に行かせたいからよ。汚い水が原因で子どもたちが病気になれば、学校に行けなくなる。子どもたちが学校に行けなくなれば、巡回教師の給料が払われなくなる。そうなれば、教師たちはほかの村に行ってしまう。教育を受けられないと、あの子たちは一生この貧困から抜け出せなくなってしまう」

ホープ・アライジングのチームにとって、この話は2つの意味で天からの啓示のようなものだった。

ひとつは、活動の影響を評価する方法が見つかったこと。指標は、「子どもたちが学校に行った日数」だ。それがわかれば、「援助対象の人々にとっていちばん大事なこと」に、自分たちの活動がどれだけ役に立っているかがわかるはずだ。それに地域の役所に行けば、簡単に出席日数のデータが手に入る。

そして彼らにとって第2の新しい発見だったのは、**自分たちがやっているのは、実のところ水の供給サービスではない**ということだ。

自分たちがやっているのは、「子どもたちが学校に通う支援をする」という仕事なのだ。

このことに気づいたおかげで、彼らはきれいな水の供給のほかに、地域の人々を支援するさまざまなアイデアを考えるようになった。

ホープ・アライジングのメンバーが気づいたように、外向き思考パターンの最初の2つのステップに取り組むだけでは不充分なのだ。

誰かの役に立ちたいと思ってはいても、相手の目的に対して自分たちの努力がどんな影響をおよぼしているかを確認しなければ、いつまでたっても大事なことに気づかずに、結局相手の役に立たないままで終わってしまう。

第10章

相手が変わるのを待っていてはいけない

私たちの著書である『自分の小さな「箱」から脱出する方法』か『2日で人生が変わる「箱」の法則』のどちらかを読んでくれていたなら、ルー・ハーバートの名前に見覚えがあるだろう。

ルー・ハーバートのモデルになったのは、タービュラースチール社の創立者でもあり長期にわたってCEOを務めているジャック・ホークという人物だ。

タービュラースチール社はセントルイスに本社があり、スチール製品・カーボン製品を全米規模で販売する会社である。

タービュラー社は当時、上級管理職たちを悩ませ会社全体の発展をも妨げるひどい内紛を抱えており、解決のために世界的に有名なコンサルタントを雇っていた。

あれこれ方策を駆使するもののどれもうまくいかず、何かほかにやってみるべき方法はないかと、ジャックがコンサルタントに相談したところ、私たちの活動をよく知っていたこのコンサルタントが、アービンジャーの考え方を検討してみてはどうかとジャックに勧めたのだ。

ジャックと会社の幹部たちに初めて会ったとき、私たちが何より重きを置いたのは、会社が直面しているやっかいな問題の解決にそれぞれの幹部がどの程度貢献しているかを再評価してもらうことだった。

その際、常に頭に置いてほしい言葉があった。

「自分が関わっているかぎり、問題は自分にある」

ジャックは自社の抱える問題を真剣に解決したいと思っていたので、早くからこの言葉を自分自身に当てはめようと奮闘していた。

「私は君たち全員にこのメッセージを受け取ってほしいと思っている」彼はこう続けた。「そこで、ポスターを作成して、社内のあちこちに貼り出してほしいんだ」

そして、集まった幹部たちを指さし、こう言った。

「この言葉を常に忘れないでほしい。『君たちが関わっているかぎり、問題は君たちにある』」

幹部たちは目を白黒させ、首を横に振ったかと思うと、そのまま頭を抱えてしまった。

組織の問題を考えるとき、意識的ではないにしろ、**人はいとも簡単に自分を問題の外に置いてしまう**のだ。

内向き思考を正当化する上司

タービュラー社で起こっていることは会社の問題ではあるものの、**一人ひとりが自分も問題の一部であると積極的に意識しないかぎり、解決はしない。**

第8章でお話ししたフォード社のケースを思い出してほしい。

チームのメンバーが、会社が抱える問題について個人の責任を認めようとしなかったことが、アラン・ムラーリーが何より先に解決すべき優先課題であった。

フォード社の歴史を考えれば、外向き思考で取り組むことは、当時ほとんどの幹部にとって非常にリスクが大きいことだと思われた――あまりにもリスクが大きいため、基本的に会社の問題は会社の失敗によるものであり、自分たちもその責任の一端を担っているなんて認めないと幹部は決めこんでいた。

だが、たった1人の幹部が、足の引っ張り合いにかまわず一歩踏みだし、外向き思考になろうとしたことで、会社全体が変わったのだ。

つまり、マインドセットの変化という意味で目標となるのは、**関係するすべての人の気持ちがお互いに相手のほうを向き、相手の利益を考える**ということである。

この目標は、「相手が変わってくれる」ことを期待しようとするのではなく、「自分がマインドセットを変える覚悟」ができて初めて達成できる。

相手が変わってくれるかどうかは気にせず、自分が相手をどう見るか、どう協力するかを変えることができれば、マインドセットは変えられる。

障害となるのは、「自分が変わる前に相手に変わってほしい」と思ってしまう内向き思考だ。経営陣は従業員が変わるのを待ち、従業員は経営陣が変わるのを待っている。親は子どもに変化が起こるのを待ち、子どもは親に変化が起こるのを待っている。夫婦は互いに相手が先に変わるのを待っている。

みんな待っているのだ。

皮肉なことに、**外向き思考への変化で最も重要なのは、相手にとってほしい行動を、先に自分がとること**なのだ。

この〝行動〟を表したのが図14だ。

図の上側にはお互いマインドセットが内向きになっている2人の人――自分と相手――が描かれている。つまり、2人とも相手のニーズや目的を見ていない。自分のことばかり考えながら、相手には自分を見てほしいと待っているのだ。

相手に**「私」**のことを見て、**「私」**のことを考えてほしいと思っている。

つまり、「私の考え方」「私の目的」「私のニーズ」を知ってほしいのだ。

図14 最も重要な行動

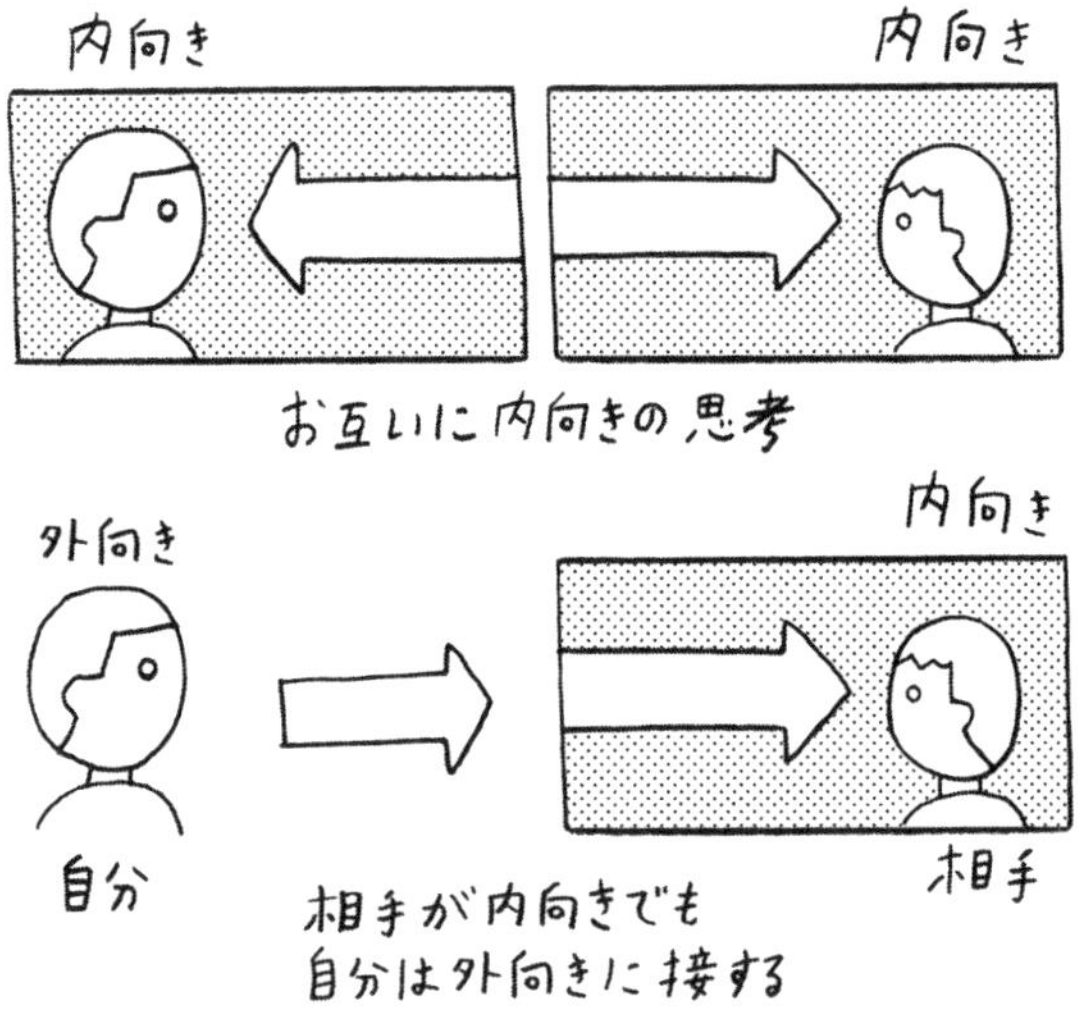

相手も同じことを求めているとはわかっているものの、第5章で説明したように自分を正当化するために、「私」はそれに抵抗している。

最も重要な行動をとる――それには2つの過程がある。

抵抗する気持ちを自分で抑えること。

自分自身が「相手に望んでいる行動」をとること。

その行動が図の下側に描かれている。そこには、マインドセットを変えるうえでの最大の目標が示されている。つまり相手に変わる準備ができていなくても、自分の行動によって相手に変わる可能性を与えることなのだ。

では、一緒に働く仲間の一人ひとり

が外向き思考になれば、組織はよくなるのだろうか？　答えはイエスだ。たとえ他の人がそうでなくても、一部の人たちが積極的に変わっていけば——そして、相手の反応にかかわらず、その変化を維持していけば——こうした望ましい状態が実現できる。

こうした変化こそが、リーダーシップの真髄なのだ。

だが残念ながら、こうした行動をとれる人は非常にまれだ。

人がこうした行動をとろうとしないのは、**上司（あるいは経営者）が内向きだと、部下（従業員）が内向きでいることを正当化してしまう**からだ。

内向き思考の上司が変わったとき

タービュラー社の問題は、幹部に対するジャック・ホークの内向き思考のせいで、幹部たちが自己中心的で保身的、なおかつしばしば闘争的な姿勢になることが正当化されてしまっていたことにはじまっていた。

なかでもその傾向が強かったのが、ジャックの右腕ともいわれた参謀役のラリー・ハイツだ。ジャックは知らなかったが、私たちが初めて会ったときには、すでにラリーには会社を辞める計画があった。

何年もジャックに仕えてきたラリーには、ジャックはどうせ変わりっこない、もうたくさんだという思いがあった。そのときの彼にとって唯一賢明と思える選択が、会社を去ることだったのだ。ラリーは営業担当責任者も同じ思いだと知っていて、2人でこっそり社内一優秀な社員を引き抜いて、ライバル会社を興そうとしていた。

ラリーが自分のもとを去ると知ってショックを受けたジャックは、今の社内の混乱は、自分のせいで起きているのかもしれないと考えはじめた。

ジャックはかつて自分の部下を監視していたようなやり方で、あらためて自分の言動を考え直してみた。

そして、ジャックは変わりはじめた。家庭においても職場においても。

新たな会社を興したラリーは、ジャックが会社のトップとして、人との関わり方を変えようと努力しているという噂を聞いた。そして、自分がタービュラー社時代にジャックから学んだことを思いだした――彼から得た教訓は、ラリーが新会社を成功させるうえで非常に重要なものばかりだった。

彼の起ちあげた会社を投資家が買ってくれるという話が出てきたとき、ラリーはもう一度ジャックとやり直してみることを検討しはじめた。

なぜひとつの会社で部署間対立が起きるのか？

タービュラー社を辞めて1年後、ラリーはジャックに電話をかけた。

「ジャック、ラリーです。会社を辞めてから、いろいろと考えました。長年、あなたは私にたくさんの投資をしてくれた。私が今知っていることは、すべてあなたから教わったことです。あなたから学んだことを活かして、自分の会社を興すことができたんです。でも今なら、タービュラー社を立て直すお手伝いができると思います。あなたがどう思うかわかりませんが……私はタービュラー社に戻って、会社を立て直す手伝いをしたいと思っています」

驚いたことに、ジャックはこの申し出を快く受け入れた。

ラリーはタービュラー社に戻り、少人数のアービンジャーチームと日夜協力して、体系的な外向き思考アプローチを会社全体で実践する取り組みに邁進した。努力の甲斐あって、1人の人物とその部署が同時に外向き思考に変わりはじめたが、そこに至るまでにはかなりの試練があった。

相変わらず社内では、営業部門と信用調査部門が毎日のようにやり合っていた。どちらにも言い分があった（実際、いろんな人間が不満をもらしていた）。

信用調査部門は、貸し倒れ額を収益の2・5パーセント未満に抑えるため、融資の申し込みを一件一件精査し、その大半を断らざるをえないと考えていた。

それなのに、営業チームは販売実績を上げるために融資の申し込みを通そうと、顧客の信用リスクを勝手に操作したり、幹部から特例として認められるように根回しをしたり、あるいは融資の申請者を徹底的に調査するだけの時間がとれないように、締切直前に申請書を出したりしていた。このため、信用調査チームは、営業チームは信用できないと考えていた。

もちろん、これも営業チームの立場から見ると、事情が違ってくる。

大きな取引が今にもまとまりそうだというときに、信用調査チームが機械的に顧客の申請書を却下してしまう——いくらでも変更できそうなルールや方針を盾に、ひと言の相談もなく。報酬が歩合に左右されることもあり、営業チームからすれば、信用調査チームから事あるごとに自分の仕事を妨害されているような印象を受けていた。

「われわれが取引を成立させなければ儲けは出ないってことを、彼らはわかっていないんじゃないか？」と営業部員が腹立ちまぎれに口走ると、「そんなこと言っても、貸した金を回収できなければ、儲けにならないじゃないか」と信用調査部員がやり返す。

まるでいつ終わるとも知れない綱引きのように、彼らは1本の綱の両端を引っ張り合い、**どちらかの目的を犠牲にしないかぎり、もう一方の目的は果たせないという状態**だった。

どちらにもそれなりの正当性があるため、一見、先にマインドセットを外向きに変えるのは、

「負け」を意味するかのようだった。

自分が変わると相手も変わる

ところが、長らく信用調査部門のトップを務めるアル・クラインが、そのキャリアにおいて初めて、こんな争いが本当に必要なのかと思いはじめた。

「われわれは変わる必要がある」と終日にわたる会議のはじめに、アルがチームのメンバーに告げた。

「この問題に取り組むために、今日丸1日を確保した。みんな、営業チームに成果を上げさせ、なおかつ貸し倒れを防ぐという社内目標も達成する方法を見つけるまでは帰れないと思ってくれ」

営業チームのニーズ、目的、課題に目を向け、アルと信用調査チームは自分たちの役割をもっと注意深く考えはじめた。

「営業チームは40種類もの製品を販売しているんだ」信用調査チームの1人が言った。

「利益率の高い特製品もあれば、利益率の低い大量生産の日用品もある。たしかに利益率の高い特製品を購入してくれる顧客の信用リスクを承認する方法が見つかれば、営業チームだけでなく会社全体のためにもなるだろう」

こんなふうに考えはじめたことで、まったく新しい目的が生まれた――**営業チームが目標を達成でき、会社も利益目標を実現できるような形で、貸し倒れが収益の2・5パーセントのラインを維持すること。**

信用調査チームは会社のトップに会って、2・5パーセントを厳格に守るやり方が会社にとって本当にベストなことなのか、確認してみることにした。彼らは少しでも効果のあるアプローチを柔軟に採り入れたいと思っていたのだ。

新たな目的が生まれたことで、信用調査チームは営業チームの役に立つような方法を見つけるため、これまでにないイニシアチブとクリエイティビティを発揮しはじめた。

チームがこのような変化を起こしてから1週間もたたないうちに、営業チームからこんな言葉が聞かれるようになった。「融資が認められるよう顧客に協力する人間がいるとしたら、それはうちの信用調査チームだよ」

周囲の内向き思考による挑発に負けず、ジャックやラリー、アルが外向き思考に変わっていったその変化には共通点が見られる。

他の人への影響を考えはじめたことで、「会社全体の成果を上げる方法」を見つけたいという気持ちが生まれたことだ。

会社の成果を第一に考えれば、もはやラリーVSジャック、あるいは信用調査チームVS営業チームといった問題ではなくなってくる。

こうした対立の構図を忘れ、彼らが一様に感じはじめたのは、**組織が求める目的を達成できない状況にしていたのは自分ではなかったか**ということだ。

彼らは**相手には何も求めず、自分を変化させた。**

内向き思考から解放されると、自分の努力に相手が報いてくれるかどうかにとらわれず、純粋に問題を解決する方法が見えてくる。ジャック、ラリー、アルにとって、これこそが〝最も重要な行動〟だったのだ。

ジャックとラリーは会社のニーズを一番に考え、アルと信用調査チームの部下たちは営業チームのニーズを一番に考えだしたとたんに、**会社中の人たちがこれまでとは違う、はるかに効果的なやり方を見つけだし、それを実践するようになった。**

その後2年もしないうちに、タービュラー社は業界一の投資利益率を上げるようになった。のちにジャックの後を継いで社長に就任したラリーはこう振り返る。

「社員たちは、自分の部署の業績を上げるだけでなく、ほかの部署にもより一層の成功をもたらすために、自分にできることを考えるようになった。数年のうちに、それは会社に途方もない変化を起こし、これまでとは違う文化を生みだした。その結果、市場規模が1000万トンから600万トンへと縮小した時代に、うちの会社は3000万ドルから1億ドル以上に、収益が4倍にも膨らんだ。市場が下降傾向にあるなかで、うちの業績は4倍に成長したんだ」

もしもジャックやラリー、あるいはアルのような人間が、相手が変わるのを待っていたら、タービュラー社にこうした業績は何ひとつ残せなかっただろう。皮肉なことに、**相手に変わってほしいという願望を捨てて初めて、結果的に相手を変える行動がとれた**のだ。

外向き思考は人を賢くする

これから外向き思考の文化を育てようとする会社は、社員が外向き思考へとうまく移行できるように導く必要がある。

つまり、たとえ相手が内向き思考のままであっても、自分は外向き思考で接するようにしなければならない。

やがて組織が変わっていけば、いつまでも内向き思考にしがみついているような人たちは、こうした組織には居られなくなるだろう。内向き思考のままでは、彼ら自身のためにも、組織のためにも、顧客のためにもならないからだ。

外向き思考への変化は一夜にして起こるものではない。

たとえ変化が浸透したとしても、ときには気づかぬうちに内向き思考に戻ってしまうこともあるし、こちらがどんなに外向き思考で接しても、相手が内向き思考のまま、なかなか変わらない場合もある。

こうした変化はたいてい最初に変化を起こした人たちに影響されて浸透することが多いせいもあって、**周囲が内向き思考でも、外向き思考を維持できる能力はきわめて重要**だ。最も重要といってもいい。

なかには、自分が外向き思考に変わることによって、誰かに利用されるんじゃないかと考えて変化を恐れる人たちもいる。

しかし、もしも外向き思考で働くことは単なる理想主義ではないか、他者の誤りや怠惰に寛容になってしまうのではないかと考えているなら、それは外向き思考を誤解している。そんなことはどちらも起こらない。

実際、見る目を曇らせたり、人を危険にさらすのが外向き思考なのではない。

外向き思考でいれば、まわりの人の状況をいつでも敏感に察知できるが、かたや内向き思考では、周囲のことに注意が向かなくなると同時に、まわりの人に心理的抵抗を感じるようになる。

リスクの高い危険な状況で働いている人たちは、このことを誰よりもよく知っている——本書で紹介した米海軍特殊部隊シールズやＳＷＡＴ隊員たちの例を見ればわかるだろう。

彼らは、自分たちの命や使命は、周囲の複雑な状況を敏感に察知し続ける能力にかかっていると知っている。**外向き思考は人を甘くするのではない。賢くするのだ。**

一歩踏み出すために

それと関連して、自分を変えようとすることに抵抗感を覚えるもうひとつの理由は、外向き思考によって、厳しい態度が求められているときにも甘くなってしまうのではないかと思っていることだ。

だが、これも誤解だ。

前にも言ったとおり、**外向き思考によって、甘い人間にはならない。**どんなことにも心を開き、好奇心を絶やさず、敏感になるのだ。

逆に、内向き思考では厳しい人間にはなれない。

実際のところ、**内向き思考の人は、真に相手のためを思う行動をとるよりも、単に人に甘い態度をとることが多い。**

他人からよく思ってもらいたいがために（実際これはよくある内向き思考のモチベーションだ）、率直な態度こそが相手のためになるような場合でも、相手を甘やかしたり、なだめたり、慰めたりしてしまう。

対照的に、相手を成長させる責任のある親や上司が外向き思考だと、あえて厳しい態度をとることもある。

なぜだろう？

人が本当に求めていることとは、甘やかされることではないからだ。

外向き思考が「甘い人間をつくる」という不安は、この種の勘違いからきている。

またこれとは違った不安に取り憑かれている上司もかなり多い。

「たしかに外向き思考に変わる努力はすばらしいことだが、自分の部下はいったいどんな反応を示すだろうか？」

こういう不安を抱く上司は、外向き思考に変わろうと試しにやってみるものの、部下の反応を見て、また元に戻ってしまう。

彼らは、この努力を続けるかどうかは部下の反応を見て決めようと、自分に言い聞かせているのだ。

私たちの経験から言うと、上司が外向き思考に変わる努力を試しにやっているだけのとき、部下はどうせ一時的なものだろうと考える。その結果、上司は関心がなさそうな部下の反応を見て、やっぱり無駄だろうと判断する。

だが、この手の上司は、部下がそのような反応を示す最大の理由がわかっていない。部下が関心の薄い反応を示すのは、**上司の本気度がわかっているから**なのだ。

覚えておいてほしい。

大事な原則は、「**自分が関わっているかぎり、問題は自分にある。**自分は今スタート地点にいる。相手の反応は、彼らが私のなかに見たもので決まる」

最も重要なのは、まわりの人の反応にかかわらず、〝自分〟が一歩踏み出すことなのだ。

第 4 部

マインドセットを変える

第11章 マインドセットからはじめよう

ウェストサイドでのシフトを終えようとしていたカンザスシティ警察のマット・トマシック巡査は、男が女性を襲撃するのを目撃した。

「警察だ！　その人から手を放して、うしろへ下がれ」そう言って、マットは警察バッジを見せた。

「早く！」男は女性から手を放したものの、下がろうとはしなかった。

「下がれ、早く！」マットが叫んだ。

しかし、男は向きを変えてマットに向かってこようとした。

ちょうどそのとき、通りがかった2台の車がブレーキの音を響かせて止まった。

ドアがパッと開き、地元の男たち数名が車から飛びだしてきて、まっすぐ襲撃犯のほうに向かい、男を取り囲んだ。

彼らがこんな行動に出た理由は、ただ純粋にトマシック巡査を守るためだ。

地元の男性たちがなぜ警官を助けようとしたのか。この話には、どんなことでも変化を起こすには**マインドセットを変えることからはじめればうまくいく**という教訓が込められている。

問題の原因は見えないところにある

50年以上にわたって、カンザスシティのサウスウェスト・ブールバードとサミット・ストリートの交差点やその付近の酒店の駐車場は、日雇い労働者のための臨時の仕事斡旋所の役割を果たしてきた。

この場所はヒスパニック系の人々が多く住むダウンタウンにあり、彼らのための仕事がいくらでもあった。

何年ものあいだ、職を探す人の数は問題になるレベルではなかった。労働者を探す人たちも、仕事を探す人たちも、おおむね自分の希望を叶えていた。ところが、ここ5年ほどのあいだに集まる人の数が急激に増加し、その数は需要をはるかに超えていた。

この急激な増加をもたらした集団は、2つのグループに分かれる。

1. 仕事を求めている合法・非合法の入国者
2. 働くことに興味のない合法・非合法の入国者

2のグループには、「他人を食い物にするために集まってくる犯罪予備軍」が含まれている。もともと仕事をする気がないか、あるいは仕事が見つからなかった連中までもがうろついていたのだ。

設備がないせいで、彼らは歩道や路地で用を足していた。なかには全裸になって、近所の家のホースを使ってシャワーを浴びる者もいた。犯罪が一気に増加し、雇用主たちは去っていった。そして、地元の人々が立ち上がった。

これに対し、カンザスシティ警察はこの状況に対処するため、誰でも考えつくような手段に出た——行動的介入だ。〝ゼロ・トレランス方式（徹底した厳しい取り締まり）〟の方針のもと、圧倒的な力が動員された。

チップのSWAT隊は、第1章で述べたような変化を起こす以前、この任務に加わっていた。チップのチームやここに配置された他の警官たちは付近一帯を一掃し、公然での飲酒をはじめとする、ありとあらゆる法に違反した連中を1人残らず逮捕した。

ところが、逮捕された男たちはほとんどその日のうちにあの街角に帰っていく。どれだけの人員をこの件に投入しても、事態は改善しなかった。それどころか、50人の警官を配置しても、状況は悪化の一途を辿っていった。

マット・トマシックはこのサウスウェスト・ブールバードとサミット・ストリートの交差点からそう遠くはない小さなコミュニティセンターから、このゼロ・トレランス作戦の指揮を執っていた。

ある日、彼のもとをカンザスシティ警察の上司が訪ねてきた。マットに最後通牒を渡しにきたのだ。「トマシック、ウェストサイドはトイレのような臭いがするぞ。一気に片づけてしまえ。期限は2週間だ」

マットはすでに白旗をあげるつもりでいた。コミュニティセンターに戻る道すがら、マットは考えをめぐらせた。どうすればもっとラクな任務に移れるだろう、たとえば「殺人」のような……。

センターに戻ると、民間人として一緒に働くリンダ・キャロンに、自分に配置換えの可能性があることを告げた。「がんばってもがんばっても、事態は悪化するばかりだ」

リンダはこう言った。「マット、少しのあいだ警官であることを忘れて、ただあの人たちのことを考えてみてはどう？　彼らの生活がどんなものか。次はいつ仕事にありつけるかわからないまま、最低限の必需品もなく日々を過ごすってどんな感じだと思う？　トイレもなければ、次の食事がどこで食べられるかもわからないのよ。それってどんな気分かしら？」

この質問が何を意味しているのか考えてみてほしい。

それは、**彼らが変えようとしていた相手のニーズや目的が何であるかを問う質問**だ。

リンダは、マットが「外向き思考で物事を考える」よう仕向けたのだ。それによってマットは、初めて本当に彼らが抱えている問題について考えはじめた。

50人の警官にできなかった変化をやってのけた2人

マットやリンダが配置されたコミュニティセンターには、トイレも小さなコンロもあった。2人は、彼らが日常的に必要としているものを提供するために、自分たちにできることを考えた。センターのトイレを自由に使っていいと彼らに知らせよう。お金を出しあって、豆を煮た鍋をコンロにかけ、コーヒーも用意しよう。それが、マットとリンダが起こす、たくさんの変化のはじまりだった。

かつては捕らえて檻に閉じ込めようとしていた連中を〝人〟として見はじめると、彼らの役に立つようなアイデアが次々と見つかった。

マットとリンダはすぐにセンターから出て、日雇い労働者の職探しを世話するようになった。その日仕事が見つからなかった人たちを地域のなかに送り込み、草刈りから家のペンキ塗り、あるいは近所のご婦人たちがメキシコ料理をつくる手伝いなど、近隣の住人のサービスに従事させた。

マットも袖をまくり上げて、彼らの傍らで同じ作業にいそしんだ。

彼らは互いに相手をよく知るようになり、職を探していた男たちも地域の人々もマットを信頼しはじめ、それによって警察の印象が変わりはじめた。

彼らのすぐそばで作業をすることで、マットは自分たちのやり方が本当に彼らの役に立っているのかどうか、確認することもできた。

彼は拘置所に送り込んだ人数ではなく、彼らのもたらす生産性によって、自分の仕事を評価しはじめた。そして学んだことをベースに、さらにみんなの役に立つよう努力の方向性を調整できるようになった。

誰かがイニシアチブをとると、一気に勢いがつくものだ。

ある日、オクタビオ・チャト・ヴィラロボスという警官が、ウェストサイドにたむろする男たちのために鍋いっぱいの豆をコンロにかけ、コミュニティセンターのトイレを自由に使わせている警官の噂を聞きつけた。

ウェストサイドで育ち、この地域が抱える問題をじかに見てきたチャトは、マットの活動に関心を抱いた。

彼は自分が育った地域でマットと一緒に働けるよう、配置換えを願い出た。

勤務初日、チャトは制服にサングラス、予備の弾薬を用意し、手錠をベルトにぶらさげた姿で現われたため、マットはウェストサイドでうまくやっていくためのやり方をアドバイスした。チャトは自宅に戻り、ジーンズとTシャツに着替えてきた。

それ以来、マット・トマシックとチャト・ヴィラロボスはカンザスシティのウェストサイド・コミュニティセンターの外へ出て、一緒に働くことになった。

この地域の再生は国家的なサクセスストーリーとなった。

犯罪件数は過去最低の水準まで下がり、雇い主たちもこの地域に戻ってきてくれた。

この2人の警官は、50人の警察部隊にもできなかったことを成し遂げた——すべては、彼らが外向き思考で問題に取り組み、地域全体のマインドセットに変化を呼び起こしたおかげである。

「もとは、ああいう善良な男たちがあの交差点に50年間ずっといたんだ」と、チャトはウェストサイドに起こった変化にいまだに驚きを隠せないようすで語っている。

「マットがあの問題に取り組んだ方法は単純だ。**ただ彼らを〝人〟として扱っただけ**なんだ——つまり、相手を無条件に尊重し、彼らがどんな人間かを知ろうとしただけさ。とてもかなわないよ」

警察は当初、ウェストサイドが抱えている問題を圧倒的な力による行動的介入で一掃しようとした。急いで結果を出そうと、とんでもない数の警官を動員して、事に当たらせたのだ。

だが、結果は出なかった。

ウェストサイドの変化は、マットとチャトが**ゆっくり時間をかけてマインドセットを変えようとしたおかげで成し得たこと**だ。

ここで私たちがマインドセットを変えていく試みに「ゆっくり時間をかけた」と言っているのは、問題解決には直接的な行動で対処するしかないと考える人たちが、マインドセットの重要性を理解していないケースがあまりにも多いからだ。

そのため、彼らはマインドセットを変える努力など時間の無駄で、問題を緩和するのがせいぜい関の山だと思っている。

しかしウェストサイドのケースからもわかるように、そこを勘違いしていては、根本的な問題の解決は見込めないのだ。

6カ月かけてもできなかった変化が45分で起きた会議

同じようにマインドセットからはじめたアプローチが長く続いた労使紛争を解決するカギとなった例を紹介しよう。

これはある大規模な多国籍企業で起きた事例だ。私たちはこの仕事をはじめるにあたって、まず経営者側20人、従業員側10人の代表と2日間かけて話し合うところからはじめた。

この2日間を、私たちは全員のマインドセットを変えるために費やし、最後の1時間は、これまで一緒に学んできたことを、実際に起きている問題に当てはめて考えるための時間にした。

彼らは膠着《こうちゃく》状態にある労使紛争について、私たちにあれこれ語りだした。

この件はすでに調停に持ち込む予定になっていた。

そんなことをすれば莫大な費用がかかるものの、ここ数カ月のあいだに双方とも解決にいたる合意案を見つけ出せずにいたからだ。しかしみんな、残された時間でこれを乗り越える方法を見つけるために、自分たちに何ができるか知りたいと言った。

そこでこの2日間で初めて、彼らに労働者側と経営者側の二手に分かれてもらった。どちらのグループにも、3つの質問が用意された。次の3点を考えてもらうための質問だ。

1. **相手グループのニーズ・目的・課題**
2. **相手グループの役に立つよう、自分たちにできることは何か**
3. **相手にもたらした影響をどうやって評価するか**

20分後、私たちは再度集まった。

片方のグループに1番の質問に対する回答を発表してもらった。そして、もう一方のグループにも同じ質問に対する回答を発表してもらった。

次に、回答を発表する順番を入れ替えて、2番の質問に移った。

3番の質問に行く頃には既に、発表の場は外向き思考の真剣な話し合いへと発展していた。どちらの側も、**相手のニーズや問題点に心から関心を持つようになっていた**。

この1時間の枠のうち45分が過ぎるまでに、紛争は解決していた。彼らはこの問題を自分たちで解決したのだ。

私たちはただ、彼らが外向き思考で互いに関わり合えるよう準備をし、最後の実習としてシンプルな仕組みを考えだしただけだ。彼らは、互いに相手への信頼を強固にし、対立を解消したのだ。

彼らの問題を解決に至らせたという意味で、この2日間は有意義だったと言えるだろう。

このケースでは、双方のマインドセットをしっかりと外向きに変えていくのに、これだけの時間が必要だったのだ。

けれども、**マインドセットさえ変われば、行動の変化はあっという間に起こる。**

マインドセットを外向きにするために費やした2日間があったおかげで、それぞれの代表たちは6カ月かけてもできなかったことをたった45分で成し遂げたのだ。

マインドセットを変えることこそ、問題解決への近道

カンザスシティのケースにしろ、労使紛争を解決したケースにしろ、変化を起こすべき状況を理解したとき、人々はすぐさま問題解決のための行動を起こしたいという衝動に駆られる。外側から見る分には行動しか見えないため、いかにも行動こそが鍵を握っているように見える。けれども**マインドセットの変化に取り組まなければ、いくら行動を変えたところで、むしろ時間のかかる遠回りなアプローチ**となってしまう。

行動による解決に踏み出そうとするまえに、ぜひともマインドセットのチェックをやってみてほしい。

次の質問を自分に問いかけてみるだけでいい。

私はこの問題を外向き思考でじっくり考えてきただろうか？

相手のニーズ、目的、課題を理解しているだろうか？

この問題について適した働きかけをしてきただろうか？

相手におよぼした影響に対して責任をもってきただろうか？

最初にしっかりと考え方をかためておけば、その分速く変化できるはずだ。

第12章 集団の目標に向かって

ここで、本書でこれまでに紹介した、外向き思考の文化をうまくつくりあげた組織について考えてみよう。

チップ・ハスとそのSWATチーム。

マーク・バリフおよびポール・ハバードと業績が回復した50の医療施設。

ルイーズ・フランチェスコーニと経営幹部。

グレッグ・ポポヴィッチとバスケットボールチームのサンアントニオ・スパーズ。

ビル・バートマンとCFS2。

アラン・ムラーリーとフォード社。

ジャック・ホーク、ラリー・ハイツとタービュラースチール社。

マット・トマシック、リンダ・キャロン、チャト・ヴィラロボスとカンザスシティのウェストサイド・コミュニティセンター。

ここにあげた人々や組織が文化をつくりあげる過程で行なった個々の取り組みは、それぞれ違っている。

けれども、ただひとつ共通した要素があり、これのおかげで彼らは初めから内向き思考に陥ることなく、外向き思考のアプローチで突き進むことができた。

その共通した要素とは、リーダーが組織のメンバーに集団的成果を追求させたということ。

つまり、**組織の全員に個々の利益よりもはるかに大きなことに同時に関わらせ、成功のために協力し合うことを求めた**のだ。

全員でひとつのゴールを目指す

チップ・ハスとそのSWATチームは、地域の人々——それが犯罪の容疑者であったとしても——に世話になってきたことをもう一度頭に浮かべてみるところからはじめた。

そして、自分たちが頭に描いたような警察と地域の関係が築けるよう、地元の人たちとつながろうと動き、どんな人にも無条件で敬意を示そうと心に決めた。それには、**互いに尊重しあう1つのチームのメンバーとして相手を扱わなければいけなかった。**

マーク・バリフとポール・ハバードは従業員とともに、自分たちが成し遂げようとしているのは何かを明確にする作業に取り組んだ。彼らは、創造力のすべてを〝**1人の人間が10年かけ**

て同時に100万人の人生を豊かにする〟という集団的成果の達成に向けることで、自分たちの文化をつくりあげた。チップのSWATチームの目標がそうであったように、これは全員参加が求められるプロジェクトなのだ。つまり、自分の患者の人生を豊かにすると同時に、他の人が担当する患者の人生も豊かにすることが求められる。

グレッグ・ポポヴィッチとサンアントニオ・スパーズ。彼らが目指しているのは試合に勝つことだ。試合に勝つというのは、組織が外向き思考のアプローチで取り組んでいるタイプの目的とは違う。こうした夢を追うことは内向き思考でも可能なことだ。しかし、スパーズのモチベーションとなっている集団的成果は、**試合に勝つためには協力が必要だ**という彼らの信念と密接に関わっている。

彼らが取り組んでいるのは、エゴをいっさい捨てた完璧なチームワークだ。それこそが、全員が一体となって初めて得られる成果なのだ。その成果が彼らのストーリーを語っている。

ビル・バートマンの会社では、社員が一丸となって、彼らがクライアントとみなす債務者を助ける方法を見出した。そのためのすばらしいアイデアは、ビル自身ではなく、チームのメンバーの発言から生まれた。そして社員全員が全力をあげて、借金に苦しむ人たちがまともな社会生活を送れるよう手助けした。会社全体が目標に向かって集結したのだ。

アラン・ムラーリーは、すべての人に恩恵をもたらすような世界一の車の生産を目指し、チームに全力で取り組ませた結果、倒産寸前の会社を生まれ変わらせた。彼らの仕事は、顧客、部品メーカー、販売業者、従業員、投資家すべてにとって有益なものでなければならない。つまり、**関係する人々すべてに喜んでもらえるよう**、社員全員がステップアップし、協力しないといけなかった。

タービュラースチール社のジャック・ホーク、ラリー・ハイツらは、急速に衰退する市場のなかで成長を続けるために集結した。彼らは社員全員に、自分の役割に関係なく、会社の収益にプラスになるような方法を考えさせた。このプロジェクトにも社員全員が関わることが求められた。

マット・トマシックとそのチームは、カンザスシティを安全で清潔な場所にするプロジェクトのなかで、日雇い労働者に対して〝人〟として関わるようにした。そのおかげで、彼らが地域住民の雑用を請け負うようになり、仕事を求めて集まってくる人たちが地域に溶け込み、交流をもつようになった。

ルイーズ・フランチェスコーニは、社員が外向き思考の文化を形成していくうえで、集団的成果がいかに重要かをこんなふうに語っている。

「**成功に焦点を合わせること——つまり、まわりの人たちにも目を向けつつ結果に集中する——そうすれば成長の速度が増してくる。**文化はそうやって生まれてくる。私は、うるさい人がいても、おとなしい人がいても、誰かの機嫌がよかろうが悪かろうが、気にしない。みんなが同じように働くことを目指しているわけじゃない。**みんな別々のやり方で働いていても、その仕事がひとつの集団的解決へと向かっていればいい。**それが個性を尊重しながら、力を合わせて成果に集中するということだ」

一人ひとりが会社のゴールに欠かせない

すべての組織はすでに集合体として存在している。

それが会社全体であろうと、最前線で働くチームであろうと、人が集まればそこに集団的成果となる目標ができて、それに名前がつき、みんなが協力し、それに取り組む。

けれども、組織に属する人々の大半が、自分たちは独立した別々の役割を担っていると感じている場合も多い。そういう人たちは、**自分の役割が組織の集団的成果にとって欠かせないものであることを自覚していない**のだ。

組織自体が明確に目標を打ち出していない場合もある。

また、リーダーがそれを充分にわかっていなかったり、あるいは部下に、仕事の結果どんな影響があったかに着目し、他の人たちの役に立つようなやり方に調整する責任があることを充分に説明していない場合もある。

目標さえ明確にすれば、個人にしろチームにしろ、関連し合う部署やチームを束ねるリーダーからの指示を待たなくても、自分たちの貢献度を高めることができる。誰かに自分たちの仕事を指示されたり、調整してもらう必要がなくなる。自分たちでできるようになるからだ。

外向き思考を責任をもって実践し、目標達成に貢献できるよう、常に自分の仕事内容を調整するような、自己統制のできる人やチームばかりの組織を想像してみてほしい。誰もがこのように貢献度の高い社員になることはできる。

もし目標が明確になっていない組織にいて、それを明確にすることもできない立場にいたら、いったい自分に何ができるだろうと考えこむ人もいるだろう。

そんな状況にあっても、目標の観点から自分の役割を明確にすればいい。そういうときは、図15に示す「職場における外向き思考」の構図が役に立つだろう。

たとえば、あなたに上司がいると仮定しよう。上司が達成しようとしているものは何なのか？　**上司が達成しようとしている目標が、あなたにとっての目標である。**

なぜなら、上司の目標のうち、あなたの担当分は、あなたが自分の顧客、同僚、部下と協力して、結果を出さなければいけないからだ。

このように自分の役割の再定義に「職場における外向き思考」の枠組みを活用する際、自分自身に問いかけるとよい質問をいくつかあげておこう。

図15 | 職場における外向き思考

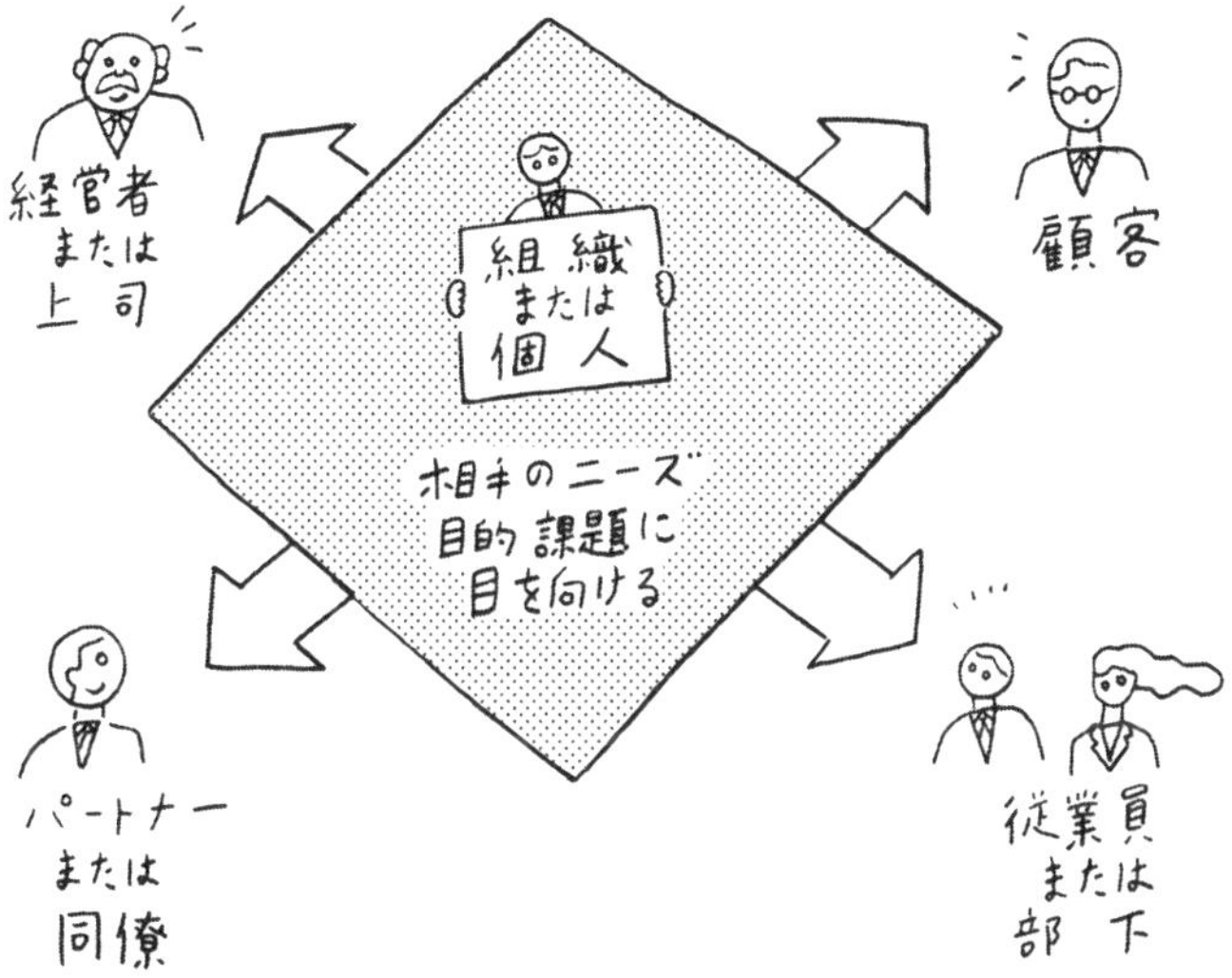

＊上司に対して

私は上司の目標を明確に理解しているだろうか？

目標を理解するために何ができるだろうか？

上司の目標に責任をもって貢献するには、何をするべきだろうか？

上司に目標を達成してもらうには、誰と一緒に取り組むべきだろうか？

＊顧客に対して

顧客はどんな人物なのか？

その人のニーズのなかで、私が力になれるものは何だろうか？

私の努力が相手の役に立っているの

かどうかを、どうすれば評価できるだろうか？

＊同僚に対して

同僚のなかで、自分の仕事によって影響を受けるのは誰だろうか？

相手の目標達成に自分は役に立っているのか、あるいは妨げになっているのかを、自分で理解しているだろうか？

＊部下に対して

部下は能力を伸ばせているだろうか？

チーム全体の目標を設定するために、私は彼らに協力してきただろうか？

彼らは目標に自分がどう貢献しているかを理解しているだろうか？

他の部署のメンバーが目標達成するために、自分の仕事がどう影響しているかを理解しているだろうか？

彼らの仕事に関わる各方面の人たちへの影響に、責任をもっているだろうか？

彼らの力になるには何ができるだろうか？

組織のなかでどの位置にいようとも、目標達成のために自分の役割を全うするという観点から、仕事を見直すことはできる。

もしあなたがリーダーなら、自分の役割について見直すこともできるし、自分のチームや部署のメンバーと協力して、目標達成のための枠組みを設定することもできる。

あなたが経営陣の１人なら、組織全体に外向き思考が浸透するのに不可欠な基盤を確立させるチャンスがある。

自分たち以外の誰かのために従業員全員が協力し合うことの意義が示されなければ、外向き思考文化を定着させるのはむずかしい。

けれども、重要な目標があれば、一連の具体的なステップを経て、外向き思考文化をうまく形成していくことができる。このあとの章でその３つのステップを詳しく見ていこう。

第13章 責任を与える

非常に多くのリーダーが、知らず知らずのうちにリーダーの役割を「管理」だと考えている。彼らはプラトンの「分業」についての考えを信奉しており、社会思想家のハンナ・アーレントによると、この思想が何千年ものあいだ政治や軍隊組織に影響を与えてきたそうだ。

アーレント曰く、産業革命の到来によって、君主制国家や軍隊組織と同様に、企業活動は2つのフェーズへと進んでいる。「立案」と「実行」だ。

よって、**ほとんどの組織で階層を分けて分業している。**決める部署と実行する部署、中心になる人とサポートする人、知識タイプと行動タイプ、操る人と操られる人。

この**「管理する人」と「管理される人」という区別をいつまでたってもやめない組織は、「自己正当化と非難」であふれることになる。**

実行する側の人間は、常に考えの浅い、あるいは非現実的なプランを責め、立案する側の人間は、常に失敗したことや運営のまずさを責める。

各部署のリーダー達は「もっと責任と権限がほしい」と思っているが、たいていの組織はその成り立ちからいって、各リーダーに責任や権限が充分に与えられることはない。

だが、リーダーが外向き思考であれば、部下にすべての責任を委ねる。つまり、部下に「立案」と「実行」の両方の責任を与えるわけだ。どこの家庭でも起こりがちな、こんな例を見てみよう。

「考える人」と「やる人」を区別しない

ジョンとシルビアのハリス夫妻は、ここ何年も家のなかの用事をめぐって子どもたちともめていた。毎週、同じことが繰り返されていた。

子どもたちは決められた家事をしない。親たちは怒りながらも自分が代わりにやるか、そのまま散らかった部屋で過ごすかのどちらかだ。子どもたちに対しては、厳しく叱りつけるときもあれば、むなしくなって何も言わなくなるときもある。どういう対応をしたところで、効果はゼロだった。

そしてある日、夫妻は自分たちが家事について**「考える人とやる人の区別」によって対応しているこ**とに気がついた。

もちろん子どもたちが小さいうちは、親が「考える・計画する」の大部分をやらなくてはいけない。
けれども、ジョンとシルビアは**子どもの成長に合わせてこのアプローチを調整してこなかった**ことに気づいた。夫妻が家の中のやるべき仕事を考え、子どもたちに家族の大計画《グランドファミリープラン》のどの部分が子どもの担当なのかを告げていた。親たちは「考える人」、子どもたちは「やる人」だった。

このことに気づいて、ジョンとシルビアは考えを改めた。**子どもたちも「計画プロセス」に参加させたらどうなるだろう？** 2人は考えをめぐらせた。

シルビアは立案において、絶対にはずせない仕事を子どもたちが見落とさないか心配だったが、うまくいくことを期待して子どもたちを集め、家事の分担をどうすればよいか、みんなで考えて答えを出そうとした——家族がやらなくてはいけない家事にはどんなものがあるか、誰がやるか、いつやらなくてはいけないのか、どんなときはやらなくていいのか、などなど。

話し合いの途中で、子どもたちはもっと広い範囲で家族の計画を立てたいと思ったようだ。「家族のレジャーについてはどうなの？」と、1人が尋ねた。「いつだって言われるのは『これをしなさい』『あれをしなさい』。家族で楽しめることを話し合ってもいいでしょ？」

こうして一家は、みんなで話し合い、みんなで案を出し、みんなで意見を闘わせ、みんなで譲りあった。家族全員が互いのニーズ——ママの要求、パパの要求、それに子どもたち一人ひとりの要求――を知った。これによって、家族はこれまでよりはるかに穏やかに、家族でやれること、やるべきことについて考えることができた。

彼らは自分たちのやるべきことについて考え、楽しむことについても考えた。決めたことをやらなかったときにどうするかも考えた。

子どもたちに促されて計画したもののなかには、必要のないものもあったが、このプロセスを通じて、**「行なう人」は「計画する人」になり、「計画する人」も「行なう人」になった。**このおかげで、家事はうまくまわるようになり、家族関係も大きく改善された。

分業は「考えない人」をつくってしまう

ハリス家で起こったことは、組織のなかでも一般に起こり得る。

外向き思考で運営されている組織のきわだった特徴は、そこで働く人々が自分たちの仕事を「実行する」のはもとより、「企画する」うえでも頭をフルに使うことが大いに奨励されている点だ。

頭をフルに使うというのは、**意志や感情といったものも含めた彼らの能力のすべてを使う**という意味だ。外向き思考で動いている人たちは、いわば自分のすべてを駆使している。

そこで、こんなふうに考える人もいるだろう。

「これがハリス家でうまくいったのなら、それはハリス家に向いていたんだ。だけど、私の家族や会社ではきっとうまくいかないだろう。家の約束事について子どもに口を出させたら、きっといいように利用されてしまう。それに職場の人間は仕事のプランを立てるどころか、仕事で頭を使うこともめったにしない。立案プロセスに参加させようとしても、おそらく彼らは乗ってこない」

こうした状況に出くわしたのがダン・ファンクだ。彼は会社が最近になって買収した、ひどい機能不全状態にある医療施設の新しいリーダーに就任した。

この施設の職員は、前の管理者の命令を聞くことに慣れすぎていた。思考停止して安全な場所の中にだけいるような仕事のやり方はやめたらどうかというダンの提案にも、応じる気がないように見えた。

そこでダンは彼らの習慣をリセットしようと、リーダーチーム会議を招集した。

「それでは」とダンが口火を切った。「みんなでブレインストーミングをはじめよう。予算の制約や決まりごともないと仮定してほしい。君たちはここの患者さんに常々どんなことをしてあげたいと思っていたのかな？　提供したいスペシャルサービスはどんなものだろう？　どんな点を改善したい？　制限なしだ。尻込みしてないで、どんどんアイデアを出してくれ」

しかし、驚いたことに、誰ひとり発言しようとしない。ダンは集まったメンバー一人ひとりに視線を向け、発言を促した。

それでも反応はゼロだった。ダンは困惑した。**何ひとつアイデアが出てこないとはどういうことなんだ？**

だが、ダンはそのときはたと気がついた。前任の管理者の支配的で自己中心的な性質が、この施設に勤める職員全員を、自分のことしか関心のない人間にしてしまったのだ。**まわりに存在するニーズに応える権限を与えられなかった職員たちは、まわりの人に目を向けることをやめてしまった**のだ。

自分で考えることも許されなかったので、彼らは組織や顧客、患者のために頭を使うことをやめてしまっていた。まわりの人々のニーズや目的を察知する能力は、使われないために萎縮して動かなくなった筋肉のようになっていた。

そこでダンは別の作戦に出た。施設のなかのあらゆる場面で職員と並んで働き、このプロセスやあのプロセスを改善する良いアイデアはないか、と一緒に作業に携わりながら具体的に尋ねることで、職員との人間関係を築きはじめたのだ。

彼は職員が自分で可能性を見つけられるよう手を貸すチャンスを慎重にうかがった。

「何か改善できそうな点はないかな？」とダンは作業をしながら問いかけた。「患者さんにはどんな要望があるのかな？　患者さんを喜ばせるようなことが何かできないかな？」

こうしたプロセスのなかで、ダンは自分の考えを口にしたい衝動と闘わなければならなかった。

「誰かの頭にアイデアが浮かんでも、**それが育って実現可能になるまでは放っておくことが大事**だと学んだんだ。人を後ろ向きにさせたり、誰かを傷つけたりするようなアイデアでないかぎり、私がアイデアを出してチームのメンバーに実現させるよりも、彼らが自分で考えたアイデアを実現する方法をみつけるほうが、組織にとっては恩恵が大きい。人のアイデアが自分のアイデアよりもずっと優れていることに何度も気づかされたし、自分のアイデアを実現できることで、より精力的に仕事に取り組むようになってくれた職員たちを見て、私は常に驚きの連続だったよ」

このチームのメンバーが、自分の仕事が同僚や患者に及ぼしたプラスの影響を肌で実感した喜びは、施設中に伝染していった。

じきに施設中の職員が、さらに誰かの役に立てる方法や、より大きな影響を生みだす方法を探しだした。

それでもやはり、一部の職員はまわりのニーズを見ないままで、自分のためではなく、人の役に立つような仕事のやり方ができるようになるとは思えなかった。

自分で考えてもらわないと効果はない

ダンは、ここに来てまだ間もない頃、患者の入院状況を管理しているある職員の勤務内容を見て、解雇すべきじゃないかと考えていたことを思い出していた。その職員は、ある日ためらいがちにダンに近づき、「自分はもっと責任を与えてほしいと思っているのに、なかなかチャンスが与えられない」と訴えてきたのだ。ダンはそのときの驚きを今でも覚えている。

彼女は、ただ入院患者の調整をするだけでなく、自宅の近所にある小さな病院と提携することはできないかと尋ねてきた。

これまでその病院から患者を受け入れたことはなかったので、失うものは何もないことだし、一度チャンスを与えて彼女に何ができるのか見てみようとダンは考えた。

「1カ月後には」とダンは振り返る。「彼女の努力が実を結んで、この施設が大勢の患者であふれかえっていたんだ。私は言葉も出ないほど驚いたよ」

こう自らの体験を語るダンは、感情を隠しきれないようすだった。「彼女自身、自分にはもっとできることがあると思っていたのに、私がそれに目をつぶっていたんだ。この経験を通して、彼女の生き方は大きく変わった。だが、私の生き方も変わったんだよ。相手にチャンスを与えもせずに、その人の能力を推し測るのはやめようと決めたんだ。すばらしい仕事ができたかもしれないのに、チャンスが与えられなかった人たちを、私は何人見過ごしてきたのかと思うと胸が痛くなる。それで私は気がついたんだ」とダンは話をまとめはじめた。

「**自分の考えを相手に押しつけて、相手に考えるチャンスを与えないと、私は相手の役に立つどころか邪魔をしていることになる**んだと。リーダーとして、あらゆる問題の解決策を考えるのが私の仕事ではない。自分が直面している問題を相談にきた相手には、こう言ってあげるのがいい。『うーん、それはなかなか難しい問題だな。どうすれば解決できるか、君が最善だと思う考えを聞かせてもらうのを楽しみにしているよ』。結局のところ、私がリーダーとして有能かどうかは、**私に何が達成できるかではなく、私の下で働く人たちが何を達成することができるか**で評価されるんだ」

自分の仕事は自分で決められる

冷暖房・空調設備を扱う大手企業であるスーペリア・ウォーター・アンド・エア社のCEOロブ・アンダーソンは、すべての知恵と外向き思考を自社の改善のために活用しようと、リーダーたちを集めた。

その一環として、顧客サービス部門に関する課題を再検討してみた。

「顧客サービス部門のニーズ、目的、課題について考えるところからはじめてみてはどうだろう。何か思いつくことはあるかな？」とロブが問いかけた。

「では手はじめに」と経営陣の1人が応えた。「メンバーの名前を挙げてみてはどうでしょう」その場に集まった者は全員頷き、誰からともなく顧客サービス部門のメンバーの名前を思いつくかぎり挙げていった。

「それから、サービスの内容をもっとよく知りたい」と、別のメンバーが言った。「彼らの業務に加わって、体験してみてはどうだろう、どんな気分になるか確かめてみようじゃないか」

「私は一度やってみたことがある」と1人が言った。「1分でも早く出ていきたいと思ったよ。あんな仕事、私には無理だ！」

「だけど、彼らはわれわれよりずっと給料が安いはずだ」と別のメンバーが口を挟んだ。その言葉に一同は考え込んでしまった。

「では、顧客サービス部門はどう変わったらいいだろう？」ロブが尋ねた。

メンバーは顧客サービス部門の仕事の現実について話し合った——理想とはほど遠い職場環境から、顧客の不満に対応するプレッシャーや、社内のさまざまな部署から突きつけられる要望にいたるまで。

「気づいているかもしれないが」メンバーの1人が言った。「**こんなに事態を悪化させてきたのはわれわれなんだ**。彼らにあれをしろ、結果を出せ、と命令ばかりしてきたんだからね。気の滅入るような仕事になってしまったのも無理はない」

ここでメンバーの1人が批判を抑えて、考えをまとめる方向にもっていった。

「では、私たちには何ができるだろうか？　彼らがやりたいことをさせておけばいいんだろうか？　彼らには私たちが定めた目標を達成してもらわねばならない。会社の成果はそれにかかっているんだからね」

この意見は一見説得力がある。だが、それはあくまでも**従業員は達成すべきことや達成方法を指示しないと動けないという前提に立った意見**だ。これはまさに「考える人」と「実行する人」の区別である。

ハリス家が手放したことで家族関係が大いに改善された考え方、あるいはダン・ファンクの施設の入院担当職員の潜在的能力をぶち壊したかもしれない考え方と同じなのだ。

すべての人は、会社の目標を前提に、自分が果たすべき役割を決定するプロセスに加わるべきだ。

誰もが考える頭をもっているのだから、組織に属する全員が自分で考え、役割を実行するよう奨励されるべきなのだ。

外向き思考パターンを使って顧客サービス部門についてのアプローチを見直した結果、ロブとそのチームは顧客サービス部門の役割を再検討することから手を引いた。

図16　個人の外向き思考パターン

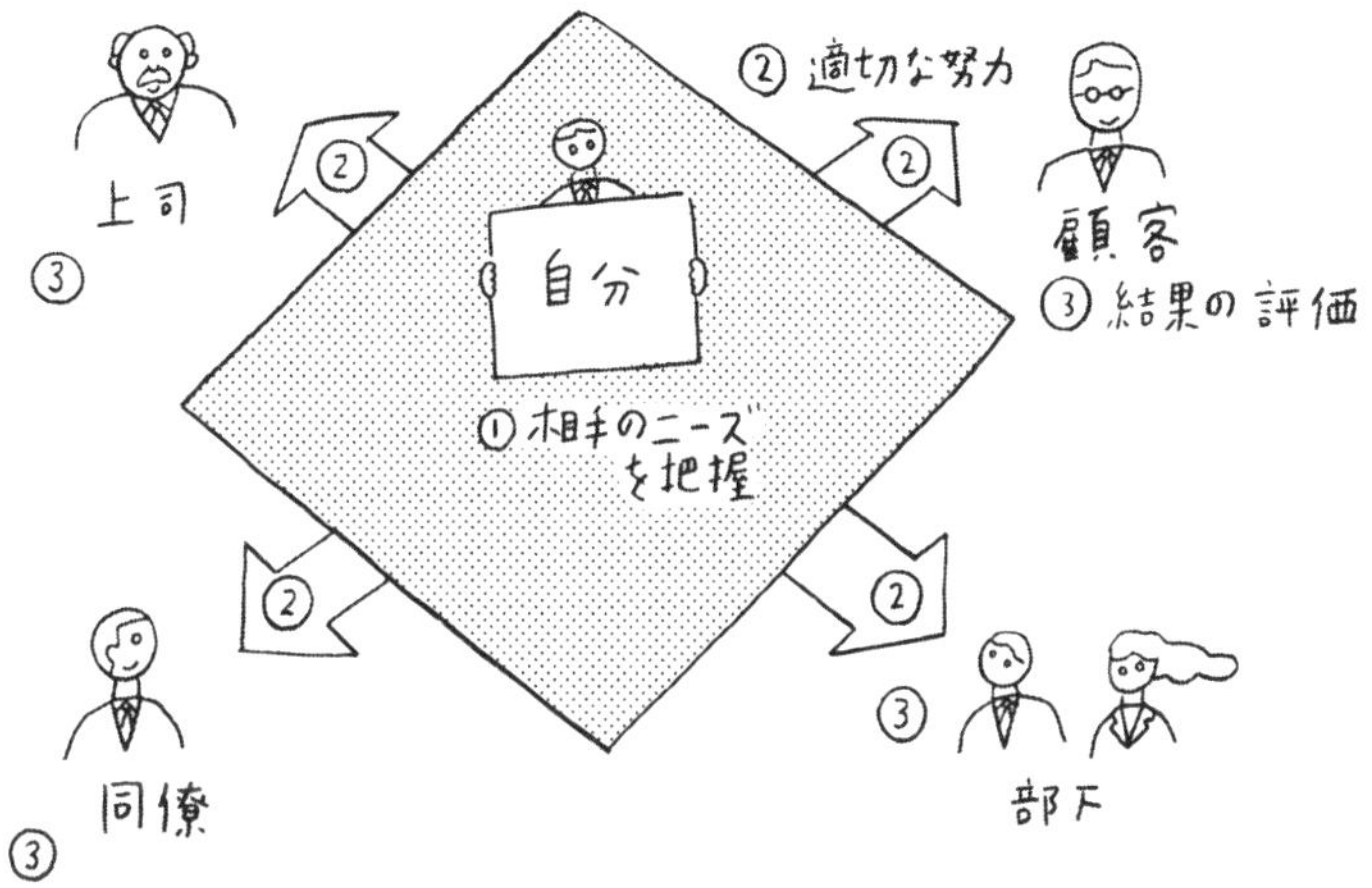

幹部としてロブたちが本当にすべきことは、彼らが顧客サービス部門のメンバーのために考えたようなプロセスを、顧客サービス部門のメンバーたち自身に考えてもらうことだった――第8章の外向き思考パターンを活用し、自分たちの役割を、責任をもって考え直す作業だ。この外向き思考パターンを図16に再現した。

顧客サービス部門は外向き思考パターンを活用して、経営陣を含め、自分たちの仕事が影響をもたらす4方向の人々のニーズを知らなくてはならない。

それから自分たちの創造性とイニシアチブを発揮して、自分たちが役目を果たすために適切な行動は何かを考えることになる。

さらに、自分たちの努力が関係者や組織

図17 企業の外向き思考パターン

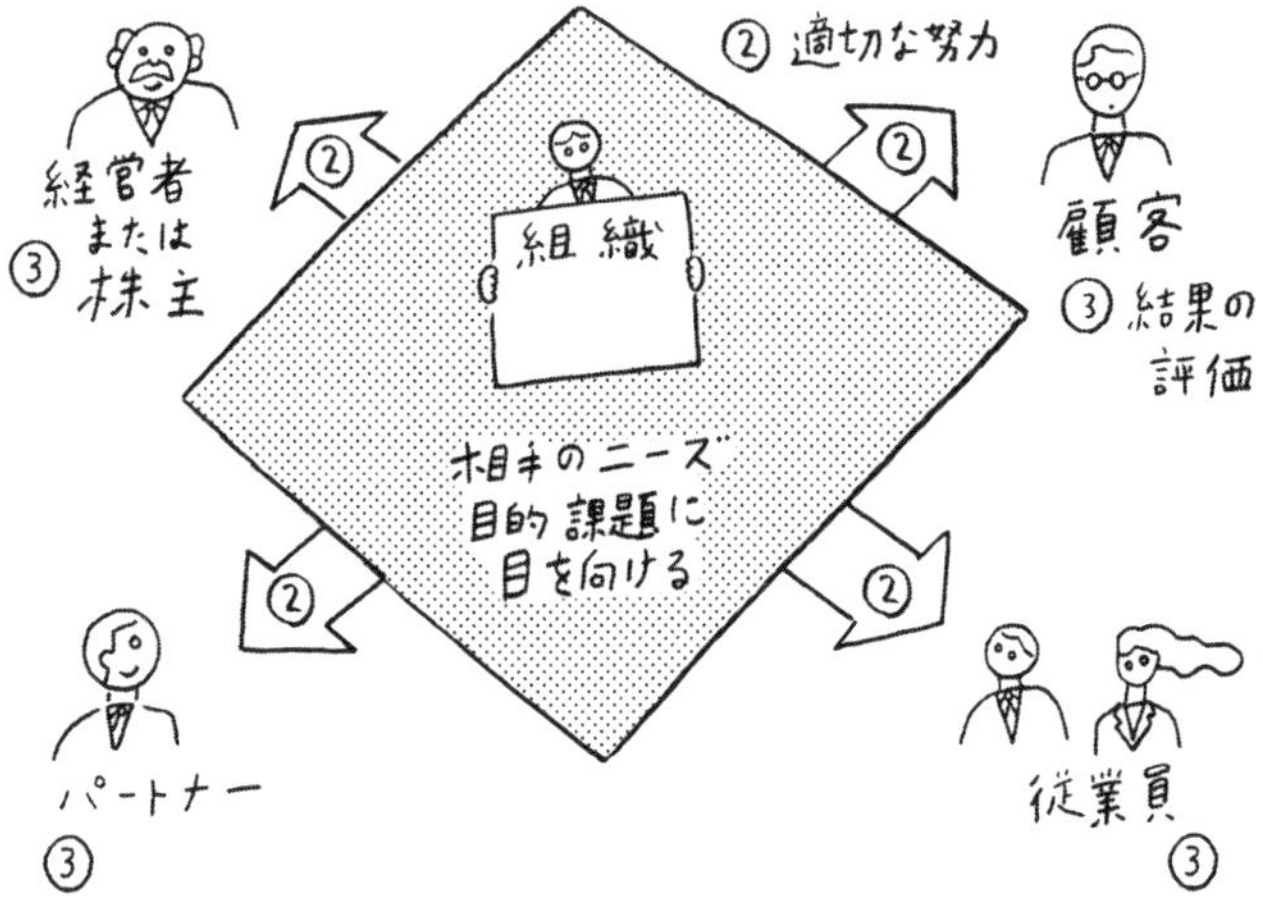

全体に何をもたらすかを評価する。

外向き思考のアプローチが、上の立場の人にも、下の立場の人にも、そして組織中の人々にも容易に応用できるようにしている理由のひとつは、個人レベルでの外向き思考ワークを、チームや組織全体、あるいは企業向けにも応用できるからだ。

図17は、4方向に企業レベルのカテゴリーを配置した同じ枠組みを示している。

図16と図17を比較してみよう。

個人の労働者にも企業全体にもそれぞれ顧客がいて、どちらにも管理する立場の人たちがいる——個人の場合なら上司、企業の場合なら経営者、株主その他。そして、どちらにも同僚やパートナー（企業レベルでは、パートナーには部品メーカーを含んでもかまわない）がいる。そして、組織の管理者にはみな部下がおり、同じように経営者には従業員全体への責任がある。

外向き思考アプローチは、個人やチームレベルで活用された場合も企業レベルで活用された場合もまったく同じだ。**組織のリーダーは組織で働く人々がそれぞれ自分たちの仕事を見直し整合性をとるのと同じように、組織全体の仕事を見直すことができる。**

この整合性を明確にするには、各個人、各チーム、各部門、そして企業全体が、それぞれの〈職場における外向き思考〉の図をつくればよい。

継続的に生産性が高い職場がしていること

それぞれが誰に対して責任をもっているかを完璧に理解している個人やチームで構成されている組織を想像してみてほしい。

それぞれが、相手が成功するように考えて自分の仕事に従事していたらどうなるだろう。

組織を構成するすべての人や部署が、自分以外の人たちの仕事内容を理解し、役に立てられるツールをそなえていたらどうだろう。

会社全体が最大の結果をめざして集結するように、その使命と戦略から構造やシステムにいたるまでが見直されたらどうだろう。

また、こんな状態も想像してみてほしい。

組織全体を見渡すことができ、個人やチームの努力が内側に向かってしまっているところがわかったら、どこに時間をかけ、注力すべきだろう。

組織に属するすべての人が自分で仕事を管理し、責任を持ち、継続的かつ精力的に自分の仕事が役立つように調整しながら手助けができたらどうだろう。

あなたが外向き思考をこうしたレベルまで導入できたら、組織の生産性はどうなると思うだろうか。

第14章 差別を減らそう

第13章でお話しした「管理する人」と「管理される人」の区別がはっきり表れるのは、「**違いの象徴**」と呼ばれるものが関係している場合がある。「違いの象徴」とは、上位側だけが享受できるステータスの顕示を意味する言葉だ。

内向き思考でいるときに人は、人を区別することに何の違和感も感じない。当然のことだと思ってしまう。

それに対して外向き思考でいると、**自分自身が重要な存在であるのと同じように、他人も重要な存在だと考える**。

第1章で紹介したマーク・バリフとポール・ハバードが、リーダーに欠かせない最も重要な資質と考えていたものを、本来私たちはそなえている。それは「**謙虚さ**」だ。

相手に「君より私のほうが重要な人間だ」と伝えてしまうような習慣や方針は、外向きな組織をつくる障害になってしまう。

経営陣が最上階を使いたがる本当の理由

ロンドンでクライアントとの約束があり、われわれアービンジャーから2人のコンサルタントが初めてある会社を訪れたときのこと。エレベータに乗りこみ、最上階のボタンを押すと、エレベータに乗っていた男性が、「へえ、最上階か」と言った。その声から、ちょっとしたイライラが伝わってきた。

彼が言葉にしなかった思いは、「**あんたらは自分が大物だって思ってんだろ**」。男性の言葉を聞いて、クライアントの抱える問題点は、リーダーが会社のなかで「自分たちを特別だ」と考えているところにあるのではないかと思われた。

経営陣が一般の社員たちと離れたところにオフィスを持つのには、それなりの理由がある場合もあるだろう。

しかし、たとえそうであっても、**なぜ彼らだけがビルの最上階のフロアにいなくてはいけないのか**という疑問は残る。どうして中間階ではダメなのか？　あるいはどうして地下のフロアではダメなのか？

経営陣だけが享受する特権に疑問をもち、その特権を維持すべきビジネス上の理由がない限り進んで排除しようとするリーダーは、外向き思考への転換がうまくいく環境をつくっているといえるだろう。

同じことがあらゆる状況にあてはまる。

たとえば、母親が自分には許していることを、子どもには許さないといった特別ルールをしいている場合、その母親が子どもの考え方をよい方向に導くことはできないだろう。

なぜなら、親にだけ寛容なルールは、子どもに「ママは僕たちより自分のほうが大事な存在だと思っている」というメッセージを送ることになるからだ。

その結果、子どもは母親にもルールにも反抗心をもち、憤りを感じることさえある。

もちろん、親と子どものあいだには、その責任のあり方に違いがある。だから、行動も違うだろう。

だが、親が子どもたちと同じルールのもとで暮らしていると、子どもたちとの関係もうまくいく。

同じことが職場にもあてはまる。

CEOは大学を出たばかりの新入社員とは抱えている責任の重さが違うのだから、両者が何もかも同じでなければいけないと考える人はいないだろう。けれども、CEOやほかのリーダーたちが一般社員にくらべて自分たちの特権を最低限にとどめていれば、**特権好きのリーダーが集まった会社よりも、社員たちの士気ははるかに高くなる。**

リーダーの特権を捨てる

これは、第8章でお話ししたアラン・ムラーリーが最初にボーイング社で、次にフォード社で、あれほどの変化を起こした大きな理由のひとつだ。

ムラーリーはすべての立場で働いている人たちからとても愛された人だが、そのひとつの理由として、**彼がリーダーの象徴となるものを壊していったこと**があげられる。

彼は決して大物ぶった振る舞いをしなかった。彼は昼食をフォード社の経営陣用の豪華な食堂でとらず、会社のカフェテリアでとっていた。隣にいる従業員と同じプラスティックのトレイをもって、ちゃんと列のうしろに並んだ。生産ラインで働く社員の話を聞いて、いろいろな情報を得るのを楽しんだ。生産ラインの従業員たちとは、会議で顔を合わせる経営陣たちと同じような態度で接していた。

彼は同じ会社で働く従業員と自分とを区別したいとも、その必要性があるとも感じていなかった。

理由は単純だ。組織図を見れば、彼がこの会社のトップであることは明らかなのだから。

経験則から言うと、組織が外向き思考へ転換するには、一般社員が自分より上の立場の人たちが本当に変化するのを目の当たりにしなければならない。つまり、**リーダーが自分たちに用**

意された特権に疑問を持ちはじめてこそ、顕著な変化が起きる。

このような変化を起こすために、リーダーは自分自身にこんな問いかけをするとよい――私たちには特別な駐車場が必要だろうか？　最上級のオフィス空間が必要だろうか？　一般社員と別のカフェテリアや建物内の一番良い場所を使うことで、自分と彼らを分けていないだろうか？　わずかな人間だけが享受するパークス（上級管理職クラスへの特典）を一般社員も利用できるようにできないだろうか？　〝大物〟の象徴となっている何かを手放せないだろうか？　自分たちを寛容に扱っているのなら、同じように従業員たちのことも適切な範囲で寛容に扱っているだろうか？

第8章と第9章で学んだように、内向き思考から外向き思考へと転換するには、外向き思考パターンを活用すればよい。このパターンは、あなたが組織の伝統や慣習に疑問をもった際に、うまくあなたを導いてくれるはずだ。

まずは、組織内の人たちが日々何を経験しているのか、注意深く考察できるような質問からはじめよう。

この組織の従業員はどんな人たちだろうか？

彼らは自分たちがきちんと評価されていると感じているだろうか？

ちゃんと理解されていると感じているだろうか？

尊重されていると感じているだろうか？

職場のどんな差別に悩んでいるのだろうか？

どんな差別があるせいで、自分たちはあまり重要視されていないと感じているのだろうか？

次に、誰かの役に立つために、どんな調整をすればいいのか、良いアイデアがひらめくような質問をしてみよう。

従業員たちに、彼らを尊重していることを理解してもらうために何ができるだろう？

彼らのものの見方や関心事を理解するために何ができるだろう？

組織内にあるリーダーを象徴するものは何だろう？

こうした象徴や区別のなかで、ビジネス上でちゃんと意味のあるものはどれで、意味のないものはどれだろう？

この組織のなかでリーダーとそれ以外の人たちの差別をなくすには何ができるだろう？

最後に、こうした変化を評価する方法を検討し、続けて今存在している差別を見直してみよう。

従業員と理解を土台にしたつながりをもつために何ができるだろうか？

組織内のあらゆる立場の人たちからフィードバックや提案を幅広く集められるようにするにはどうしたらいいだろう？

無用な差別で自分たちと一般社員を隔ててしまわないように、継続的にリーダーとしての自分をチェックするにはどうすればいいだろう？

「物」扱いされる従業員は顧客を「物」扱いする？

何年も前のことになるが、当時マディソンスクエアガーデンのスポーツ部門のトップだったスコット・オニールからアービンジャーに協力してほしいと依頼があり、ニューヨークへスコットと彼のチームのメンバーに会いに行った。

2時間ほどの話し合いのなかで、チームは職場における差別についての問題を検討し、非常に重要なことに気がついた——この組織のどんな人たち、あるいはどんなグループが〝物〟と見られていると感じているのだろうか？

チームがそう感じていそうなグループをあげていったとき、彼らはある事実に気づいて愕然とした。

マディソンスクエアガーデンで働く人たちのなかで、**〝物〟扱いされていると思われたのは、顧客と一番身近で接している人たちだったのだ。**

つまり、マディソンスクエアガーデンの「改札係」と「案内係」だ。彼らはおそらく自分たちがないがしろにされている、正当に評価されていない、おろそかにされていると感じているのだろうと、このチームは考えた。そして、彼らはふいに心配になった。組織のなかで最も顧客と接する機会が多い人たちが〝物〟として扱われているのなら、彼らは顧客をどう扱うだろうか？　リーダーたちは、現場の最前線で働く人たちと組織の他の人たちとの差別を解消するために何ができるかを考えはじめた。

マディソンスクエアガーデンのリーダーたちはみなそろって、試合がある日だけパートタイムで働く従業員の名前と経歴を覚えはじめた。

彼らは、こうした人たちが組織にとって、シーズンチケットを買ってくれる客やスポンサーと同じくらい大事な存在で、**リーダーや正社員は態度や行動でそれを伝えなければいけない**と気づいたのだ。

パートタイムスタッフが指示されることは、社内のみんなもやらなければいけないのだと彼らは考えた。

「地面に紙くずが落ちていたら、拾いましょう」がマディソンスクエアガーデンのリーダーや正社員に対するスローガンになった。

これも差別を解消するひとつの方法だった。こうした試みの結果、〝私たちは一心同体〟の精神が組織中に広まった。

特権を撤廃して大成功したCEOのデスク

私たちのクライアントで、いくつもの病院を運営するある医療関係者も自分の組織にこれと同じ問題を見つけた。

救急処置室の担当で、自分が〝物〟のように扱われていると感じている人たちは、患者と最初に接し、患者がその病院で初めて経験することに関わるスタッフなのだ。

事務職のスタッフで、患者の入院手続きや保険手続きを担当する人たちもそうだ。少し暴露すると、こうした業務につくスタッフは、医療界では「補助スタッフ」とみなされている。「補助」という言葉を考えてみてほしい。いったいどんなメッセージが伝わるだろう。

「補助」という肩書き付きの仕事を彼ら自身がどう思っているかを考えてみたところ、医師や看護師、技師たちは、マディソンスクエアガーデンのリーダーたちと同じことに気がついた。

この病院に来た患者は、「補助スタッフ」と同じような扱いを受けるだろう。

マディソンスクエアガーデンのリーダーたちと同じように、この病院のリーダーたちも職場に存在している差別について考え直してみた。

ソフトウェア会社として異彩を放つメンロー・イノベーションズ社のリチャード・シェリダンとその同僚たちは、素晴らしい試みをいくつも果たしてきた。**差別の解消**もその1つだ。

メンロー社の従業員たちは、リチャードも含めてみな同じスペースで働いている。デスクも全員同じ物を使っている。

この会社では少人数のミーティングも大人数のミーティングも同じスペースで行なわれ、誰がそれを聞いていても、そこから何かを知っても、あるいはそこに参加してもかまわない。

「そりゃ驚く人もいるだろうね」とリチャードは言う。

「広くて開放的で、社員を締めつけるルールが何もないスペースにCEOがいるんだから。多くの企業は、上級管理職の面々に特別な部屋を与えて、彼らのステータスを印象づけている。けれども頭にCがつくうちの経営幹部たち（CEO、CFO、COOなど）は、役員室をもっていない。このスペースの真ん中にデスクがあって、そこに使い込んだ白いiMacが置いてある。遅くて有名なやつだよ。そこに私がCEOとして座ってるんだ」

彼はさらに付け加えた。

「私が部屋の真ん中に座ってるのは、みんなが私の席はそこって決めたからなんだ。何かを決めるときには、私が近づいていく。厄介なプロジェクトの詳細が聞こえてくるところにね。そういうときは、彼らが私のデスクをプロジェクトメンバーの集団のなかへ運び込むんだ。私は数カ月ごとに、新しい配置に合わせて移動のパターンを変えなきゃいけないんだよ」

リチャードとそのチームは、会社というものの象徴までぶっ壊した。

メンロー社を訪ねたいなら、ミシガン州アナーバーのワシントン・ストリートとリバティ・ストリートのあいだにある駐車場に車を駐めて、エレベータで地階へ行くといい。

7階建ての駐車場ビルの地階は、かつてフードコートとショッピングセンターだった。その窓のない地下室に、大成功を収めた〝**大物はお断り**〟の会社がある。

このように、リーダーが自分たちを特別扱いするのをやめ、他の従業員との差別の解消に取り組みはじめたら、マインドセットチェンジの準備が整ったことになる。

第15章 システムを外向きに転換する

マインドセットを変化させるカギは、組織の目的、システム、方針、プロセスを、**進んで見直そうとする意志**にある。

管理することに重点を置いて、権限を与えないシステムやプロセスは、広範囲におよぶマイナスの結果を生むだけだ。外向き思考の視点からこうしたシステムやプロセスを見直していけば、絶大な効果をもたらす。

第13章で紹介したハリス家のケースを思い出してみよう。

計画プロセスを根本から見直した結果、家事の能率と家族の関係が著しく改善された。これですべての問題が解決したわけではないし、家事の分担にまつわる問題も残ったが、これまでとはまったく異なる基盤ができあがったおかげで、失敗も成功もこれをよりどころにして調整していける。

ハリス家の新たなアプローチは、家族の生活を外向き思考のプロセスに変えた。この変化に

図18　内向き思考のシステム

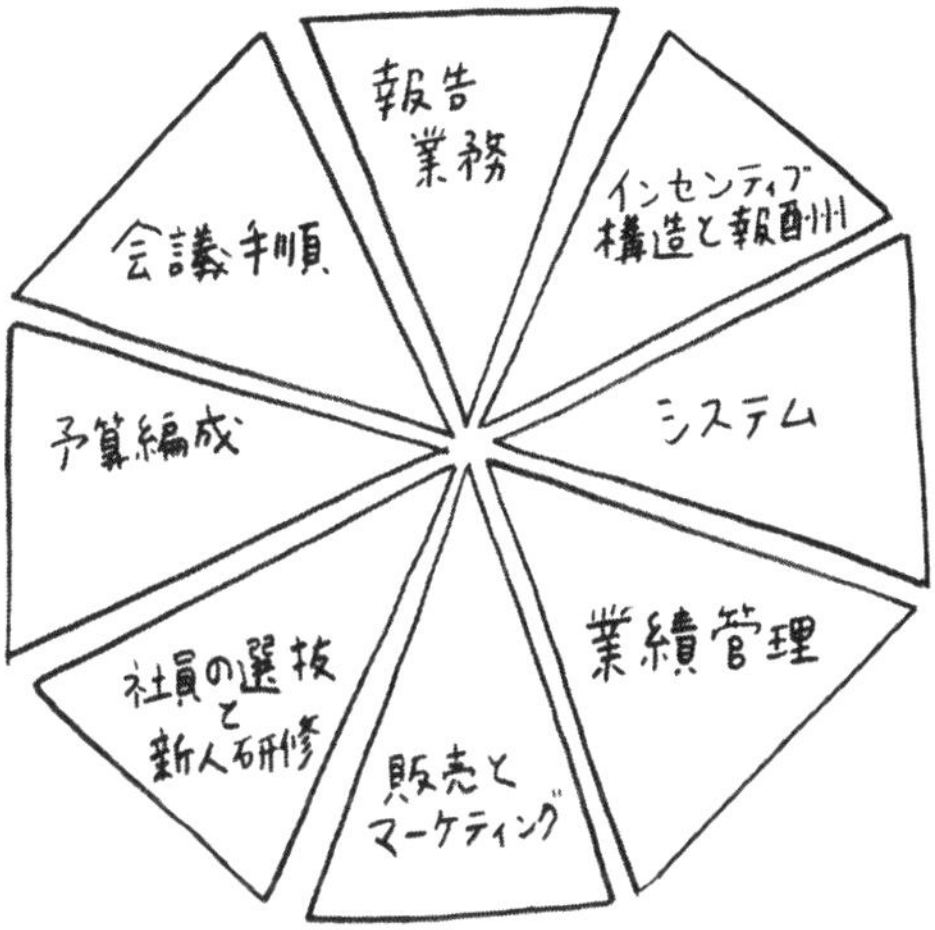

よって、外向き思考による活動が刺激され、強化され、支えられる。

図18と図19は、一般的なカテゴリーが共通する2つの組織を表している。一般的なカテゴリーとは、どこの組織でも見られる報告業務、販売プロセス、業績管理システムなどである。

図18に示された組織のシステムとプロセスは、内側を向いた三角形で表されている。これは、このシステムとプロセスが「従業員を〝物〟として扱う人たち」によってつくられ、実践されているからだ。

予想通り、内向き思考によるシステムとプロセスは組織全体を内向き思考にし、さらにそれを堅固なものにしてしまう。

一方、図19に示された組織のシステムと

図19　外向き思考のシステム

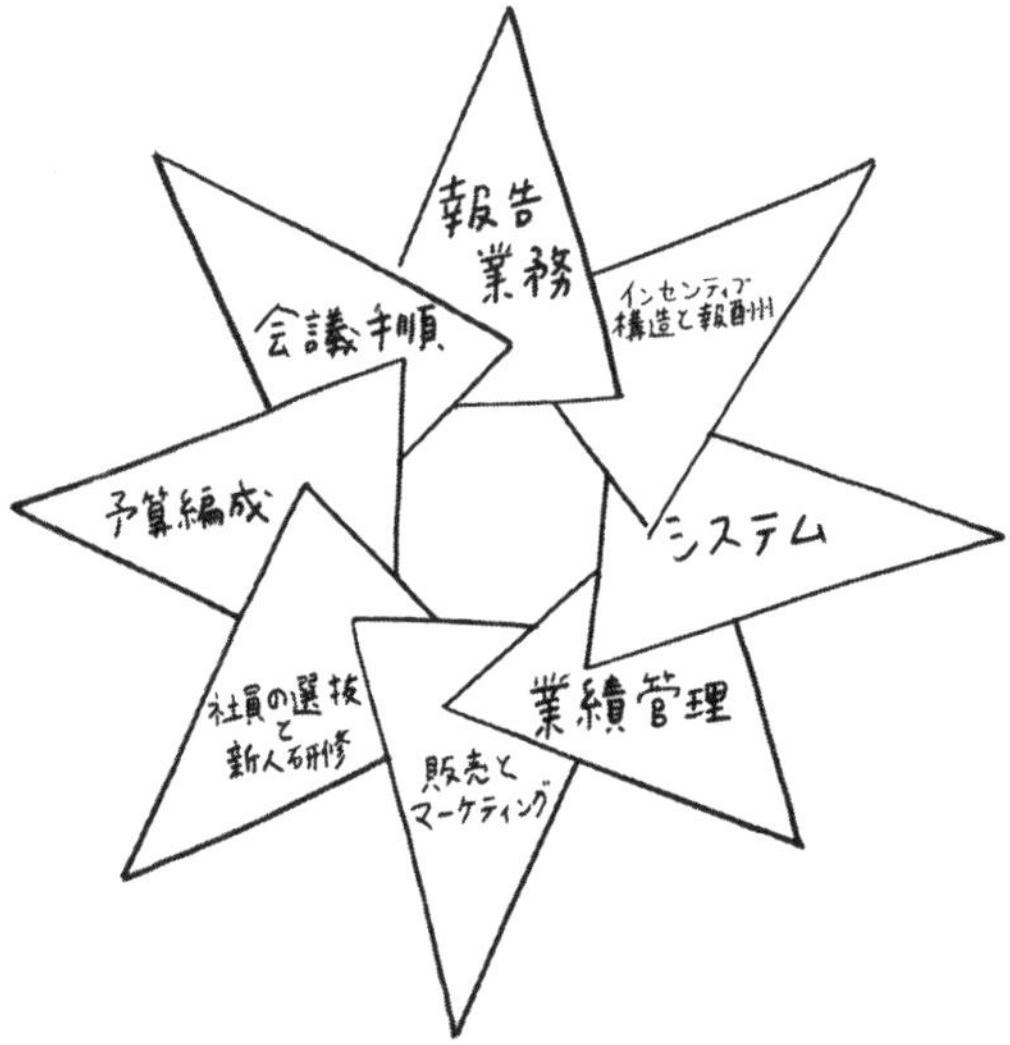

プロセスは、「組織内の人々を〝人〟として見ている人たち」によってつくられ、実践されている。

第13章と第14章で説明したように、**従業員を〝人〟として見るというのは、彼らには考える頭脳があることを認めているということ**だ。

彼らは立案することもできれば、それを責任をもって実行することもできる。さらには、イノベーションを起こすこともできる。

彼らには誰かの役に立ちたい、仕事に責任をもちたいという願望があり、それを実現する能力もある。彼らは協力しあってワクワクするようなことを成し遂げたいと思っている。

そのため、外に意識が向いた組織のシステムとプロセスは外側を向いた三角形で表されている。

これらは人の役に立つことを目指してつくられているので、それによって組織全体に外向き思考の文化が生まれ、大きく育ち、いつまでも持続される。

もしも組織が従業員には外向き思考を命じながら、〝管理する〟ためにつくられたシステムやプロセスをいつまでも利用していたら、勝利するのはシステムとプロセスで、組織も顧客も従業員も株主もみな敗北する。

大半の企業が内向き思考を賞賛するシステムになっている

たとえばベル型カーブの評価システムの効果について考えてみよう。これは従業員同士を比較するシステムで、カーブによって彼らの将来が決められてしまう。

あるテクノロジー関連の巨大企業で、メンバーが世界各地に散らばっているチームの新しいリーダーが、メンバー内にどれだけ外向き思考が育っているのかを判断しようとする取り組みをはじめた。

このチームは、メンバー間の地理的距離の問題ゆえ直接の交流がないというマイナス材料を抱えながらも、世界中に散在する自社の顧客担当部門にサービスを提供するなかで、同僚のニーズを考慮しながら自分たちの仕事を調整してきた。

けれども年末が近づいた頃、チームのメンバーがかつての内向き思考的な行動に逆戻りしつつあることに、リーダーが気づきはじめた。彼らは情報を自分たちのところで抱え込み、協力しあうことをやめていた。自分たちの担当業務を優先し、それによって同僚の仕事の手間が増えることを考慮しなくなっていたのだ。

不満を募らせたリーダーは、日本だのヨハネスブルグだの、世界各地に散らばるメンバーに電話をかけ、どうして彼らの態度が元の内向きに戻ってしまったのか尋ねた。

自分たちの内向きな態度は同僚の側に原因があると言い訳して守りに入る者もいれば、自分たちは変わっていないと言い張る者もいた。

だが、ようやく1人のメンバーが本当のところを教えてくれた。

「ご存じないんですか？ **今は年末で、業績評価の時期だからですよ**。私たちはみな評価方法について知っています。メンバーは序列をつけられ、ボーナスがもらえるトップの15パーセントに入るのはごくわずかです。しかも下位の10パーセントはクビになる。これから起こることを考えれば、私たちがどう振る舞うかはおわかりでしょう？」

こうしたシステムは、社員をいやおうなく内向き思考に誘導してしまう。にもかかわらず、従業員を〝物〟として扱う企業ではこんなシステムをいつまでも変えられずにいる。

相対評価のもとで、人は守りに入る

ベル型カーブの評価システムは、メンバー間の比較にもとづいた相対的な業績評価になってしまう。しかしこれは、決して**実際の生産性やメンバーが出した成果を評価できるものではない。**

与えられたチャンス内で出した成果だけを真に評価するのであれば、10パーセントをはるかに超える数の従業員がクビになる可能性もあるが、その一方で全員を残すこともできる。

ただし、こうした評価方法は組織が指令を出して管理するのではなく、**リーダーや管理職が部下を本当の意味で導き、成長させられると信頼されていなければ成り立たない。**

さまざまな組織が、それもたいてい大規模な組織が、相対評価を採用せざるを得ない理由もわからなくはない。

管理職が自分の部下を評価しろと言われたら、高めの評価をしなければいけないというプレッシャーを感じることも多いだろう。

内向き思考でいると、部下から嫌われたくないという理由で高めの評価をつけることもある。

また、彼らがリーダーとしての責任を充分に果たせておらず、部下のどこを改善すべきかわかっていないケースもある。

評価が必要以上に上がってしまうというマイナスを避けるため、組織は管理職に部下のランク付けを強いる相対評価を命じてきた。説明してきた通り、これは組織にとって大きな代価を支払う結果になるのだが、それでも組織がこの選択をする理由は理解できる。

では、もしもあなたがこうした相対評価システムのなかで働いていて、それを変えるだけの権限がないのなら、もうなすすべがないということだろうか？　そんなことはない。

こうしたシステムのなかにいても外向き思考で働き、部下や同僚にもそれを促す方法を考えていこう。

たとえば、チームのメンバーを集めて、あなたが〈職場における外向き思考〉の枠組みと外向き思考パターンについて教えてあげたらどうだろう。

仕事で関わる4方向の人々に与える影響について責任を感じてもらい、年間の業績評価には「関係者に責任をもとうとした努力が反映される」と知ってもらうことはできるはずだ。

その後も**状況を知るために定期的に顔を合わせる場を設けるとよい**。彼らと定期的に会うようにすれば、仕事面の改善に力を貸し、責任のレベルを引き上げてあげることもできる。

あなたが部下や同僚にこうした働きかけをするだけで、システム全体が相対評価システムのもたらす影響から解放されるわけではない。

けれども、そんなシステムのなかにあっても、**部下や同僚の生産性を高めることはできる**だろう。どんなシステムの会社にいても、どう働くかは自分の考え方しだいだ。

そうは言っても、あなたの組織が外向き思考を推奨しておきながら、結局は内向き思考の行動に報いるような報酬体系なら、その誘惑にはなかなか抗えないと感じるかもしれない。外向き思考による働き方を構造的に邪魔する機能としてよく見かけるのは、**内向き思考による成功を評価する指標**である。

社内の評価基準によって顧客が無視されるケース

これを理解するのにぴったりな例を紹介しよう。

トム・ブラキンスは、世界でも有数の企業で営業部門のリーダーを務めており、仲間内からは親しみをこめて〝ブラク〟と呼ばれていた。彼の勤める会社をここではランダ・コーポレーションと呼ぶことにする。

彼は会社から、とても大事なクライアントをつなぎとめる任務を受けた。ブラクがそのクライアントを引き継ぐまでに、ランダ社はそのクライアントの仕入先リストのなかで16番目（最下位）まで順位を下げていた。彼がクライアントに連絡をとったところ、次回はランダ社がリストから消えることになるだろうと告げられた。つまり、ブラクの会社は5000万ドル以上のクライアントを失う危機に瀕していたのだ。

ブラクはこの件で力になってくれそうなメンバーを集めてチームを編成し、メンバーは顧客をつなぎとめるために力を注いでくれた。それから1年半もたたないうちに、ランダ社は同じクライアントの仕入先リストのトップに上がっていた——前例のない、あり得ないほどの大躍進だった。

ランダ社が1年半で最下位を抜けだしてトップに躍り出ることができたのは、クライアントがブラクとそのチームが自分たちに必要だと感じていたからだ。

それからまもなく、クライアントの窓口担当——ここではジュリーと呼ぶ——が、ブラクに子どもが生まれたお祝いに、心のこもった贈り物を送ってくれた。そのうえボイスメールで親切なメッセージが届けられ、そのなかで近々更新されるランダ社との契約について触れられていた。

もし12月の初めまでにブラクとジュリーが直接会って契約を成立させれば、休暇の前にどちらのチームも少しラクができるだろう、という内容だった。ジュリーによれば、そのための予算は彼女が管理しているので、事は簡単に進むだろうということだった。

これはブラクにとってすばらしい知らせだった。

それにはいくつか理由がある。まず第1に、ジュリーの言葉から、彼女がブラクのチームにもランダ社のサービスにも強い信頼を寄せてくれていることが確信できた。

第2に、この契約でブラクとそのチームは目標額を達成し、それはランダ社にとっても重要な意味をもつことになる。

第3に、ランダ社特有の事情で、この時期に契約が成立すれば、社内の評価指標の要求を満たせることになる。評価指標とは、この会社の営業チームのメンバーにとって、首に突きつけられたナイフのようなものだった。

ランダ社の営業社員たちのあいだに不安を巻き起こすこの評価指標とはいったいどんなものなのか？

ランダ社の収益の大半は、既存の顧客との期限内の契約更新からなっていた。同社の財務部門が調査したところ、更新日を過ぎてから更新された契約は、平均的に請負金額が著しく減少していることがわかった。

そのため、経営陣は営業部門になんとかして期限までに契約を更新させるよう求めており、それが評価の基準となっていた。これを達成するには、どんな契約も更新日までに前回の請負金額の105パーセント以上の額で成立させなければならない。**それができなければ、給与に大きく響いてくる。**

契約更新を期限内に達成できなかった場合のペナルティは非常に厳しいため、営業社員たちはなんとか契約を更新してもらおうと、内容を譲歩することになる。

営業社員に期限内に契約を成立させる目的でつくられた評価システムは、実際には更新日に先立って多くのものを諦めざるを得ない立場に営業部員を追い込んでいた。

多くの評価制度に言えることだが、理論上筋が通っていると思える判断基準が、実務レベルでは、途方もなく大きな予想外のマイナスを生み出していたのだ。

社内事情に振り回されて顧客を失ったケース

ブラクのケースでは、ジュリーの会社との契約更新日は12月31日だった。ブラクとジュリーのあいだで、12月の初めには6600万ドルで契約を更新すると話がまとまった。この数字はランダ社のサービスに対する通常の価格から1000万ドル近く割り引いた額である。

それでもブラクは、これだけの割引をしたことでジュリーにも彼女の会社にも喜んでもらえ、期限内にもおさまり、うまくいったビジネスだったと感じていた。

ブラクもチームも、契約が期限のはるか前に成立すれば、時計の針が進むたびに増していくプレッシャーから解放されると喜んだ。

その後、事態が暗転する。ジュリーの会社の財務担当者が契約の額を調べ、何かしらランダ社に有利に働く契約ではないかと考えたのだ。

最初ジュリーは、ブラクやそのチームとの関係を知らないからだと言って、相手にしなかった。

けれども財務担当者は譲らず、ランダ社は誠実な取引をしていないと言って、ジュリーを説得した。ジュリーは裏切られた思いで、いったいどういうからくりなのか確かめようと、詳細を調べだした。

ブラクの方は相手の財務担当者のミスだと確信していた。ランダ社の計算では、ブラクの概算どおり、相手先にとっても良い取引のはずだったからだ。

ところがこの遅延のせいで、ランダ社の経営陣の頭のなかは12月31日という期限のことでいっぱいになりはじめた。

彼らは**顧客のことよりも自分たちのことを心配しはじめた**。

ブラクは12月31日までに契約を成立させるために、何かしなければというプレッシャーを感じていた。

不安にかられ、ブラクは譲歩した。自身とチームが評価基準の期限を守れるよう、600万ドル以上の減額に応じ、請負金額は6000万ドルを割った。

価格が下がるなら顧客にとってはいいことじゃないかと思う人もいるだろう。だが実際には、こうした減額が顧客側にとってメリットを生むことにはならない。ブラクのチームもジュリーのチームもこれまでの関係性が変わっていくだろうことに気づいていた。それでもランダ社内全体が指標に合わせるためにきりきり舞いしていた。

ジュリーの会社はたまたま結果として減額というメリットを受けた一方で、ランダ社の内向きなアプローチによって、これまでの外向き思考にもとづいた関係を、将来的にもジュリーやそのチームのためにいい仕事をしてもらえる関係だったものを、単なる取引重視の関係へと変えられてしまったのだ。

そして、状況はさらに悪化した。

ジュリーが突然つかまらなくなった。契約が成立しないまま時が過ぎていき、ブラクはアポなしで彼女に会いに行ったが、無駄だった。

ランダ社の北アメリカ事業所のリーダーたちはパニックを起こしはじめていた。もしブラクが取り組んだ契約が指標を達成しなかったら、北アメリカ事業所全体の数字も計画を下回ることになる。みんなのキャリアが宙に浮いていた。

ようやく12月28日になって、ジュリーがブラクに電話をかけてきた。そこでわかったのは、この規模の契約ではCEOしか署名することができず、彼女の署名では契約を成立させることができなかったというのだ。その時点でまだCEOは海外におり、1月の第1週か第2週にならなければ署名はしてもらえないという。「それではダメなんだ、ジュリー」とブラクが応えた。「君の会社が31日までに契約してくれるという条件でうちは譲歩したんだ。私たちには1月ではダメなんだ」

「ごめんなさい、だけどこれが私にできる精一杯なの。契約はどうしても1月になってしまうわ」

ブラクは立ち直れないほど失望していた――自分自身に。**顧客には何の関係もない社内指標にじたばたしていては、顧客との関係が損なわれる。**

契約は2週間後に6000万ドルで成立し、社内の評価基準も達成できなかった。その結果、北アメリカ事業所は予算を達成できず、社内に深刻な波紋を呼んだ。

しかも、膨大な割引を引き出しておきながら、顧客はトム・ブラキンスを担当からはずしてほしいとはっきりと要求してきた。ブラクが担当をはずれて、ランダ社はまたもやあっという間に相手の取引先リストの順位を大きく落とすことになった。

仕事の成功は「相手の役に立っているかどうか」でしかはかれない

今でも、この経験を語るブラクの声からは苦しみが感じられる。「完全に避けることはできなかったとしても、もう少しなんとかすることはできたはずなんだ」と彼は言った。「私たちが内向きで意味のない社内評価なんかより、顧客と相手の価値基準を尊重していれば。**私たち**

の関心が内側だけを向いていたせいで、私たちは社内的にも社外的にも失敗した。社外的な失敗は、やり取りのすべてで顧客との関係を壊してしまったせい。社内的な失敗は、この契約にまつわるあれこれで、ランダ社の20人ほどが組織に失望したからだ。みんな、『顧客のことを考えろ、顧客のことだけ考えるんだ』という心の声を聞いていたんだ。なのに、彼ら20人は、私も含めた経営陣が、**自分たちのことしか考えていなかったのを見ていたんだ。**そして、大勢の社員がやめてしまった。もう会社が信じられなくなったんだ」

このケースでは、何が間違っていたのだろう？　ランダ社の上層部が**営業社員の仕事を管理するためにつくった基準は、顧客のニーズとは何の関係もなかった。**

その結果、営業社員の心を顧客から引き離し、自社のことばかり考えるように仕向けた。社内評価にばかり執着し、それと同じくらいの関心を顧客のニーズに向けなかった報いとして、内向き思考にとらわれたのだ。

ランダ社のケースを第9章のホープ・アライジングのケースと比較してみよう。ホープ・アライジングは、自分たちの活動が成功かどうかを地元の人々に供給した水の量（内部指標）で評価していたのでは、地元の人々のニーズに応えられているのかどうかわからないことに気がついた。

そこで地元の人々にもっと強い関心をもって接してみたところ、彼らがきれいな水をほしがる一番の理由は、「子どもたちを学校に行かせたいからだ」とわかった。そのことに気づいたホープ・アライジングは、自分たちの活動の成否を地域の子どもたちが学校へ行けた日数で評価しはじめた。

彼らの注力したポイントと、ランダ社の社内評価によって注力したポイントはどう違うだろう？

ランダ社が仕事の成否をおもに**顧客から得た収益**によって評価しているのに対し、ホープ・アライジングは活動の成否を**相手にどれだけプラスの影響を与えたか**によって評価している。

あなたならどちらの組織で働きたいだろうか。

あなたならどちらの組織と取引をするだろうか。

外向き思考に変えた企業は成果を飛躍的に上げている

内向き思考で動く組織のリーダーは、外向き思考で動く組織に困惑するかもしれない。彼らが〝物〟とみなして管理している人たちに、権限を与えるのは危険ではないかと思うのだろう。これが、**外向き思考のアプローチが競争においても非常に優位に働く理由**のひとつだ。

外向き思考を採用するのに消極的な人は、外向き思考のシステムやプロセス、アプローチをうまく活用することはできない。システムやプロセスを外向きに転換した組織はより高い業績を上げ、それを維持できる状態になっているというのに。

本書の初めのほうで紹介したいくつかの例を考えてみよう。

ルイーズ・フランチェスコーニと経営陣チームは、彼らが採り入れた外向き思考の立案プロセス（第3章）によって、ライバルたちにくらべて立案サイクルを劇的に短縮できた。

CFS2が採用した外向き思考の顧客サービスのプロセスと従業員へのインセンティブ構造（第7章）は、業界トップの債権回収率を実現させた。

フォード社は、外向き思考による報告プロセスを採用した結果（第8章）、他社には真似のできないやり方で金融危機を乗り越えることができた。

タービュラースチール社は、全員が外向き思考的アプローチで自分たちの役割や責任を見直せるように取り組んだおかげで、業界トップの収益を実現できた（第10章）。

雇用と新人研修のアプローチ、販売とマーケティングプロセス、予算編成、インセンティブ構造、業績評価と管理システム、その他組織内のさまざまなシステムや構造、プロセスは、内向き思考で行なうことも、外向き思考で行なうこともできる。

外向き思考での運営に真剣に取り組んでいる組織は、こうしたシステムやプロセス自体を外向きにすることで、外向き思考による働き方を実現し、強化させている。

第16章 未来に続く道

大手メーカーの従業員を対象としたアービンジャーの研修が終わりに近づいた頃、進行役がこんな説明をした。

外向き思考に変わった人は、相手を変えようとはしない。相手は、自分のマインドセットを自分で選んでいるのだ。

1人の参加者が声をあげた。

「それはわかります。でも私は、自分に関心をもってくれているとわかっている相手には、ほかの人とは違う特別な対応をしてしまうことがよくあります。つい、そうしてしまうんです。相手が私にそう仕向けているわけではありませんが、どうしようもないんです」

部屋のあちこちで頷く人たちがいた。

「これは私の経験ですが」と別の参加者が言った。「いつも驚いてしまうのですが、1人の人がマインドセットを変えると、まわりの人たちも変わっていくことはよくあるんです」

後方に座っていた男性が、激しい勢いで異を唱えた。

「今の発言にはまったく同意できません」声を荒らげながら、彼は反論した。「私はほぼどんなときでも外向き思考だが、それでうまくいくとはかぎらない！」

発言しているあいだ、彼の首の血管が浮き出ていた。一部の参加者は彼の発言があきらかに矛盾しているのを見て、クスクス笑っていた。

このとき、後方の女性が手をあげた。ここに来てからこの瞬間まで、彼女はひと言もしゃべっていなかった。

「あるお話を聞いていただけますか？」彼女が尋ねた。

「もちろんですとも」進行役がそれに応じた。

その女性が話をはじめた。

内向き思考でいる限り、問題は解決しない

「何年も前のことになりますが、私の兄が恐ろしい事件を起こし、私の家族は何カ月も新聞の一面に載ることになりました。このつらい事件は一家の評判を地に落とし、家族をずたずたに引き裂きました。私たちが感じていた困惑や苦しみを的確に表現できる言葉はみつかりません。

とにかく、私たちはめちゃめちゃにされてしまったのです。

でも少しずつ、私たちはその恥辱から這いだし、新たな人生を築こうとしていました。数年がたった頃、私たちは定期的に集まって、数日間一緒にいることで家族の絆をつなぎとめようとしていましたが、私たちがつくりあげた新たな家族の形は、**家族のアイデンティティから兄を締め出すことによって保たれていました。**

その後数十年がたち、兄がついに刑務所から出てきました。

私たちの意識から兄を完全に消し去るのには大変に長い年月がかかったのに、突然兄が戻ってきてしまいました。そして、たまたま予定していた家族の集いに兄が現われたのです。私たちはほんの少し兄と言葉を交わしましたが、ひと言ひと言に緊張と不快感が露わになりました。どうすれば緊張も不愉快さも感じずにいられたでしょう？　そこにいたのは、私たちをめちゃくちゃにした張本人だったのですから」

少し間をおいて、また彼女は話しだした。

「家族が集まった最初の日、昼食をとっているあいだに、兄はいつのまにかいなくなっていました。夕方になる頃には、兄はもう戻ってこないのではないかと思うようになり、正直なところ、ほっとしていました。もう無理に会話をする必要もないのです。やっとリラックスでき、みな家族との時間を楽しんでいました。やっとのことでつくりあげた家族の形に戻ることができたのです。

けれども、夜が深まるとともに、頭にふと浮かんだ考えがどうにも離れなくなったのです。また兄を失う瞬間が近いことを私はわかっていました――おそらく今回は永遠に。そしてその瞬間、このままではいけないと思いました。

だからといって、つらい感情が消え去ったわけではありません。ほかの家族と同じように、私にも葛藤がありました。このまま兄を行かせてはいけないという思い――同時に、兄なんてどうなってもいいという思い。でも、そのとき私は決心しました。毎月手紙を書くことで兄に手を差しのべ、兄も含めた家族としての絆を守っていこうと。それはささいなことですが、私にできる精一杯のことでした。

それが7年前のことです。それ以来、私は毎月兄に手紙を書き続けています。それでどうなったと思います？　いまだに一度も返事は来ません」

会場からはため息が聞こえた。

「それでもいいんです。自分のためにしているのではなく、兄のためにしているのですから」

敬意と愛のある場所で外向き思考でいることは簡単になる

この話は、外向き思考を保ちたいと思う人にとって重大な教訓を示している。

互いに相手を気にかけている人たちのなかにいると、外向き思考になるのはむしろ簡単なことだ。外向き思考で相手に応えることはまったく自然でたやすいことのように思える。

たとえば、職場のチームが精力的で協力的な人ばかりということもあるだろう。あるいは、家族がみな優しくて心の広い人間ばかりという恵まれた人もいるだろう。そんな場合は、外向き思考を保つのも比較的易しいことだ。それはなぜだろう？

自分が人からちゃんと愛され、尊重されていると感じているので、相手に対して守りの姿勢をとる必要がないし、そうしたいとも思わないからだ。だから、わざわざ努力をしなくても自然と相手を尊重できる。

第9章で引用したブレンダ・ウェランドが教えてくれたように、人はそういう人たちの前では自由に伸び伸びとできる。1人の外向き思考は、他の人も外向き思考にする。

残念なことに、同じ原理が逆にも働く。

内向き思考で行動する人と交流すると、自分のものの見方や考え方が尊重されていないように感じ、不快感を表したり、関係をやめようと思うようになる。そうした行為にでてしまうと、自分が相手からされたことをやり返すことになり、内向き思考による争いに巻きこまれてしまう。ちょうど第10章でお話しした信用調査部門と営業部門のように。

こうした争いはほんの1分しか続かないかもしれないし、1日中続くかもしれないし、**ひょっとすると一生続くかもしれない。**

自分が内向き思考の態度をとったとして、それが必ずしも関わった相手が内向き思考な態度をとる原因とはいえない。しかし、そのように働きかけるのは事実だ。

一緒に仕事をしたり生活したりする人が内向き思考な反応をしてきたとき、どうやって外向き思考で反応するかは大きな課題である。

正当に評価してくれる上司に巡り会っていないと思うとき

第1章で紹介したマーク・バリフがCEOとして成功するずっと以前、彼が新卒の若い職員として働いていた頃、彼は上司とよくもめていた。

彼は自分がかなりデキる人間だという新卒らしい思いを抱いて若い会社に就職した。彼はその会社に入った最初の十数人のひとりとして、この組織が大きく成長するのに貢献したいと胸を膨らませていた。

けれども入社から数日がたち、数カ月がたち、そして2年がたった頃には、魔法がどんどん解けてきて、マークは幻想から覚めていった。

2年間この組織で過ごしたなかで、彼は入社した頃よりさらに責任ある仕事をもらえていないと感じていた——それが意味するのは1つだけだ。これ以上彼に責任を与える必要はないと上司が考えているのだ。

マークは自分の力を発揮させてもらえないうえ、ほとんど関心をもたれず、真っ当に評価されてもいないと感じていた。毎日、自分は犠牲者だと感じていた――チャンスさえあれば、自分の才能を発揮できると思っていたからだ。不満はやがて怒りになった。マークが描く未来は永遠に手が届かないもののように思えた。彼は他社に履歴書を送りはじめた。

マークが会社を辞める計画を進めていたちょうどその頃、上司の上司、マークがメンターとみなしていた人物が彼に会いたいと言ってきた。失意に暮れた年月を経て、ようやく自分の実力が証明できるときがきたとマークは感じていた。

「彼なら私がどれだけデキる人間かわかるはずだ」とマークは思った。彼ならきっと今の上司のもとで仕事をするのがどれだけ大変かわかっているだろうから、あいだに入って仲をとりなしてくれるだろう。私を慰め、「君はよくやっている」と言ってくれるだろう。そして私がこの会社で成長するための道筋を描けるようにしてくれるのだろう。マークは期待に胸を膨らませながらミーティングに向かった。

ところがマークが席に着くと、メンターはこう言った。「マーク、君にはもっとがんばってもらわないといけない」

マークはくやしくてしかたがなかった。その評価は予想していたものとは大きく違っていたため、ショックでものも言えず、ただメンターの言葉に耳を傾けていた。メンターは、マークが自分の仕事にベストを尽くしていなかったことを理解させようとしていた。

マークはその場でなんとか自分の立場を主張しようとしたが、メンターと言葉を交わすうち、自分の行動の一部を見直さなければいけないと思いはじめた。

その日は自宅に帰っても眠ることができなかった。

ベッドに横になり、マークはこの2年に起きた多くの出来事を頭のなかで再現してみた。最初は記憶をたどることでふたたび怒りがこみあげてきた。けれども、メンターの言葉を考え直しているうちに、これまで見過ごしてきた真実に気づきはじめた。

自分はひたすら上司を避け続け、彼女がやってほしいということを公然と批判してきた。ステップアップを嫌がり、新たなチャレンジを拒んできたのは自分だと気がついた。ただふさぎ込み、不平を言い、前に進まずに逃げてばかりいたのは自分自身だったのだ。

夜がふけた頃、マークは頭のなかで常に繰り返されてきた上司についての内なるつぶやきに疑問をもちはじめた。


上司が明らかに悪いなら、どうして自分に「彼女が悪いんだ」と思い込ませるのにあれほどエネルギーを使わなければいけなかったのだろう？

その考えに至ったとき、ふとその葛藤自体が上司との接し方に影響していたのだと気がついた。自分に言い聞かせてきたことが間違っていたとしたら？　ベッドから飛び出すにはその疑問だけで充分だった。

マークはノートをつかみ、ページの中央に線を引き、左の欄に、自分が上司の役に立ってこなかったことを書き出した――彼女との接し方が間違っていた、失敗や落胆を彼女のせいにしていた。そのリストはページの中ほどまで達した。

それから右の欄に、自分が役に立てそうなことを書き出した。このリストは複数のページにわたった。

ページをめくっていくと、なんだか足かせがはずれていくような感じがした。自分のなかにあふれ出てきたアイデアを見つめていると、**自分の力を抑制していたのは自分自身だったことに気がついた。**

それに気づいたことで、マークは自由になった。新たな可能性に満ちた世界が頭のなかに広がった。

仕事に戻ると、マークは自分で書き出した変化の一部を実行に移しはじめた。上司の上司が言ったことは事実だった。組織は彼にこれまで以上の働きを求めているし、彼にはそれができるのだ。**彼は被害者を演じていただけで、実際はそうではなかった。**

上司はときに厄介な人だろうか？　イエス。

マークは今でもたまに正当に扱われていないと感じることがあるか？　それもイエス。

それも事実なのだが、マークはこれを自分が努力を怠っていることを正当化する材料にしてきたのだと気づいた。

直面しているいくつかは事実だが、彼を縛り付けていたのは彼自身だ。彼はいつだってもっと自由にやれたのだ。

人の役に立つためにできることは何だろう？

この経験が私のキャリアを変えるきっかけになったんだ、とマークは言う。

もしメンターがマークを気にかけてくれなかったら、彼を信じてくれていなかったら、今の彼はいなかっただろう。**充分に信じてくれていたからこそ、マークの仕事ぶりについて真実を伝え、まわりの状況が見えるよう導いてくれた**のだ。

マークはそれまで以上の責任を引き受け、彼の能力は業績とともに向上していった。

こうした成長のおかげで、マークはそれから1年もしないうちに、医療関係のクライアントのひとつを任されるというビッグチャンスをつかんだ。この医療企業を担当したおかげでこの業界についての知識を身につけ、やがて自分自身の会社を設立するにいたった。それが、何百万人もの人生を豊かにしてきた組織である。

マークのストーリーから浮かび上がる重要な疑問――**もっと人の役に立つために何ができる**

だろう？——について考えてみよう。

職場でもっと役に立つために何ができるだろうか？

家族の役に立つために何ができるだろうか？

自分が知っている人、または知らない人の役に立つために何ができるだろうか？

私に何ができるだろうか？

そして他の人たちは、それを私にやらせてくれるだろうか？

外向き思考とは、生活のあらゆる場面で正直にこうした問いかけをする積極的な意志と、たとえ厄介なことでも実行に移そうとするエネルギーが結びついた状態だ。

本書で紹介したストーリーの数々について考えてみれば、職場でこうした質問とエネルギーを使ってみる気になるのではないだろうか。

職場の人たちや家族について考えたとき、あなたなら何をするだろうか？

ここで、これまで説明してきたことをまとめてみよう。

何をする場合でも、内向き思考か外向き思考のいずれかで行なうことができる。どちらのマインドセットで行なうかによって、どんな成果が出るかは決まる。

＊マインドセットからはじめよう。外向き思考パターン（他者の状況を把握、適切な努力、結

果の評価）を活用するとよい。（第8章、第9章、第11章）

＊相手が変わるのを待っていてはいけない。最も重要な行動は、相手のマインドセットがどうであれ、まず自分のマインドセットを変えること。（第10章）

＊大きな目標を達成するために、チーム、組織を集結させる。（第12章）

＊人（まずは自分自身から）に充分な責任を与える。自分の仕事――計画、行動、影響――をきちんと全うし、人にもその人自身の仕事を全うしてもらう。（第13章）

＊自分と他人のあいだに距離をつくるような無用な差別をなくす。（第14章）

＊自分に権限がある範囲で、システムやプロセスを見直し、外向きに転換する。人を管理するのではなく、人々に活力を与える組織のエコシステムをつくる。（第15章）

メンターがマークに与えたような気づきを本書があなたに与えられることを願っている。

もし「明日からが楽しみだ」と思ったなら、本書は読む価値があったと言えるだろう。

＊＊＊＊＊＊＊＊＊＊＊＊

『管理しない会社がうまくいくワケ』を、楽しんでいただけましたでしょうか？

私たちは書籍のほかに、オンラインサービスも提供しています。その中のマインドセット・チェックツール使えば、みなさんが外向き思考をどの程度活用できているかが簡単にわかります。さらに本書のなかでエピソードをご紹介した人々のビデオも閲覧できます。ご覧になりたい方は、本社ウェブサイト（https://arbinger.com）にアクセスしてください。

またアービンジャーインスティチュートジャパン株式会社では、本書の内容をより深め、実践するために、個人・法人向け研修やコンサルティング、ファシリテーター養成トレーニングといったサービスを提供しております。

ご関心のある方は当社ウェブサイト（https://arbingerjapan.com）をご覧ください。ご感想もお待ちしています。

この本がみなさまの問題解決の手だてになりますように、祈りを込めて。

訳者あとがき

本書は、コンサルティング、コーチング、トレーニングなどを手がけるアービンジャー・インスティチュートが２０００年に刊行した『Leadership and Self Deception』（『自分の小さな「箱」から脱出する方法』２００６年）に続くマインドセットについての書籍になります。

組織やチームあるいは個人が陥りがちな自分主義・自己欺瞞（これを著者は「箱」と呼んでいます）から脱却する方法を説いた前著は、全世界で１５０万部を売り上げる大ベストセラーとなり、日本語版も20万部を超えるヒット作となりました。クチコミで広がった本書は、「相手を物として見ていた自分に気づき、新しい見方ができるようになったことで、世界が変わった」「自分を正当化することをやめたら、人間関係が変わった」など評判になり、２０１６年に刊行された本書の原著『The Outward Mindset』は待望の1冊となりました。

ここで前著との違いを簡単にお話ししておきましょう。前著は架空のストーリーを展開する形式で、自己欺瞞を表す「箱」から抜けだす方法をわかりやすく説明しています。それに対して本書では、実在する個人や企業に実際に起こった例をあげて、具体的にどんな問題にどんな解決策をとることによって、どのような結果がもたらされたかを示しています。実際に成功をもたらした手法が示されているわけですから、説得力は絶大です。大企業の業績を著しく回復させた例もあげられていますから、企業のリーダー的立場の方たちにも参考にしていただけるでしょう。

また前著では、「箱」の中にいる／「箱」から出ているという表現が使われていましたが、本書では「内向き思考」（「箱」の中にいる状態）／「外向き思考」（「箱」の外にいる状態）という言葉を使って、「内向き思考」から「外向き思考」への〝マインドセットの変化〟をテーマにしています。

本書のなかで丁寧に説明されていますが、「マインドセット」とはものの見方、つまり環境や直面している問題、チャンス、責任といったものをどう捉えるかを表し、「内向き思考」は自分中心で、まわりの人たちを「自分の役に立つかどうか」という基準で〝物〟のように捉えている状態。これに対し、「外向き思考」は自分の利害を超えた広い視野をもち、まわりの人たちをそれぞれにニーズと目的をもった〝人〟として扱う考え方を指しています。この「外向き思考」を身につけようというのが本書のテーマです。

組織のリーダーが外向き思考だと、社員や部下を〝考える頭脳をもった人〟として扱うようになり、その結果、社員や部下は自分の仕事について自分で考え、責任をもつようになります。それが本書のタイトルとつながってきます。

アービンジャーの活動内容の詳細については、サイト（https://arbingerjapan.com）にアクセスしてみてください。とくにその中の〈ケーススタディ〉を開いていただくと、本書で取りあげた実例がいくつか紹介されています。日本語字幕のついた短い動画も用意されており、実際の関係者が自分のまわりで起こった変化をどう感じているかを語っています。こうした声に触れると、本書に書かれた内容が、よりリアルなものに感じられるでしょう。

本書を読んで、家庭・職場の人間関係や自分をとりまく世界を変えることは、さほどむずかしいことではなさそうだと感じていただければ幸いです。

最後に、すばらしい本との出会いを与えてくださった、大和書房の白井麻紀子さんに心より感謝いたします。

２０１７年

中西　真雄美

[著者] アービンジャー・インスティチュート The arbinger Institute
アービンジャー・インスティチュートは、トレーニング、コンサルティング、コーチングといったサービスを提供するとともに、個人および組織のマインドセットに変化を起こし、イノベーションを推し進め、対立を解決し、継続的に成果を向上させるためのデジタルツールの提供も行なっている。

2000年に刊行された著書『Leadership and Self Deception』(『自分の小さな「箱」から脱出する方法』2006年、大和書房)の世界的なヒットによって、アービンジャーのアイデアは広まった。本書は現在30以上の言語に翻訳されている。

2016年には、本書『The Outward Mindset』を刊行し、個人、チーム、組織を内向き思考から外向き思考へと変化させるための方法を詳細に紹介している。

35年におよぶ実績により、アービンジャーはいまやマインドセットの変革、リーダーシップ、チームの育成、対立の解決、危機管理、企業文化の変革などの分野で世界をリードする組織として知られるようになり、クライアントは、個人から世界中の多くの大企業および政府機関まで多岐にわたっている。
▶本社 https://arbinger.com ▶日本支社 https://arbingerjapan.com

[訳者] 中西真雄美 Mayumi Nakanishi
翻訳家。大阪外国語大学卒業。主な訳書に『TEDトーク 世界最高のプレゼン術〈基礎編・実践編〉』(新潮社)、『ザ・プレゼンテーション』(ダイヤモンド社)、『情報を捨てるセンス・選ぶ技術』、『脳が教える!1つの習慣』(講談社)、『幸せな選択、不幸な選択——行動科学で最高の人生をデザインする』(早川書房)、『すべては「前向き質問」でうまくいく』、『パリのエレガンス ルールブック』(ディスカヴァー21)などがある。

管理《かんり》しない会社《かいしゃ》がうまくいくワケ
自分《じぶん》の小《ち》さな「箱《はこ》」から脱出《だっしゅつ》する方法《ほうほう》 ビジネス篇《へん》

2017年 9月5日 第1刷発行

著 者 アービンジャー・インスティチュート
訳 者 中西真雄美《なかにしまゆみ》
発行者 佐藤 靖
発行所 大和《だいわ》書房
東京都文京区関口1-33-4
電話 03-3203-4511

カバーデザイン 寄藤文平、吉田孝宏
本文デザイン 荒井雅美(トモエキコウ)
本文イラスト 須山奈津希
本文印刷所 信毎書籍印刷
カバー印刷所 歩プロセス
製本所 ナショナル製本

ISBN978-4-479-79608-4
乱丁・落丁本はお取り替えいたします。
http://www.daiwashobo.co.jp

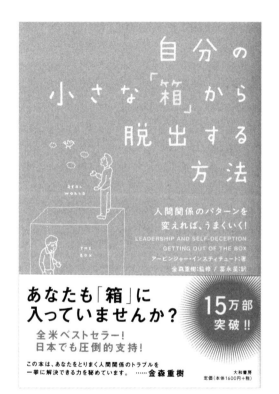